华为精神

通信巨头高效成长的文化密码

以客户为中心，以奋斗者为本，长期坚持艰苦奋斗

胡溪　马力◎著

石油工业出版社

图书在版编目（CIP）数据

华为精神：通信巨头高效成长的文化密码 / 胡溪，马力著 .—北京：石油工业出版社，2019.8
　ISBN 978-7-5183-1619-9

　Ⅰ.①华… Ⅱ.①胡…②马… Ⅲ.①通信企业—企业文化—研究—深圳　Ⅳ.① F632.765.3

中国版本图书馆 CIP 数据核字（2019）第 010083 号

华为精神：通信巨头高效成长的文化密码
胡溪　马力　著

出版发行：石油工业出版社
　　　　　（北京安定门外安华里 2 区 1 号　100011）
　　　　　网　　址：www.petropub.com
　　　　　编辑部：（010）64250921　　图书营销中心：（010）64523633
经　　销：全国新华书店
印　　刷：北京晨旭印刷厂

2019 年 8 月第 1 版　2019 年 8 月第 1 次印刷
710 毫米 ×1000 毫米　开本：1/16　印张：15
字数：190 千字

定价：42.00 元
（如出现印装质量问题，我社图书营销中心负责调换）
版权所有，翻印必究

华为以产业报国和科教兴国为己任,以公司的发展为所在社区做出贡献。为伟大祖国的繁荣昌盛,为中华民族的振兴,为自己和家人的幸福而不懈努力。

——《华为公司基本法》第七条

序言一

华为:"之"字型管理的鲜活案例

2005—2016年,在华为工作的11年间,因为担任华为高级管理咨询顾问的岗位需要,我多次接待从全国各地到访华为深圳基地交流的企业老板,累计近300场、人数近3000人次。我给他们主要讲授的一门课程——《华为管理之道》。这门课中主要阐述清楚三个问题:一、华为过去为什么成功?二、华为未来持续成功需要坚持什么,放弃什么?三、华为哪些东西是业界可学的?很多老板听完课后感慨:任正非真的太不容易了,"傻傻地"把我们认为是常识性的认知,落实在18万人步调一致的行动中,相比而言,自己在机会面前表现得"太灵活了",以至于只能做生意人,无法成为令人尊敬的企业家。

企业家给一家企业注入最重要的资产是企业文化,它在企业摆脱了生存阶段之后,将成为企业未来能走多远的决定性因素。我们很多企业都在谈企业文化建设,但发现企业文化总是挂在墙上无法落地。企业文化在形成过程中,因为承接文化的载体不同,大致经历过四个阶段:老板文化、团队文化、员工文化、生态伙伴文化。因为这个过程是人群逐步扩大、一层一层地ZOOMOUT的过程,就像小石子抛在水面引发的涟漪,最大的挑战在于如何保持创始人的初心没有在传播中消失殆尽。为了做到这点,任正非在华为创办31年来,很多权力都已下放了,但始终把思想权和文化诠释权紧紧握在自己手中,成效就是:即便盘子大到年营收7000亿,拥

>> **华为精神**
通信巨头高效成长的文化密码

有18万知识型员工，华为依然可以"力出一孔""全营一杆枪"。我认为这与任正非很喜欢的一个字有关，这个字就是"之"字。

中国汉字历史源远流长，如果选择一个最具智慧的代表文字，那"之"字将是其中之一，因为它简洁明了、意蕴深远、韵味绵长，独具东方文明的含蓄柔韧风范。

东晋时期著名书法家、"书圣"王羲之的代表作《兰亭集序》，一共324个字，其中有21个"之"字，书法创作中，如何处理相同字的写法是一个很有难度的事，何况是一篇书法中同时出现21次，可见其处理难度有多高了。但这并没有难倒"书圣"，王羲之处理这些"之"字，写法各有千秋，行文中姿态各异。"之"字的写法在《兰亭集序》中被王羲之发挥到了极致，被誉为前无古人后无来者。

如果你认为王羲之作为文人喜欢这个"之"字，只是知识分子的纸上功夫，那就错了。任正非带领企业经过多个风浪，他对这个"之"字更是喜欢得不得了，而且在华为经营管理中用得出神入化，比如要求干部培养要走"之"字型，不可提拔烟囱式直升的干部，比如要求华为的变革必须是"之"字型，不要一刀切搞革命等。

任正非为什么独钟"之"字呢？因为做企业，不是方程式赛车中一位英姿飒爽的赛手以最高时速350公里狂飙，而是一个老司机，开着一列满载的列车，在充满机会和风险的荒原上飞奔。虽然老板很想这趟列车是动车，每一节都有动能，但实际上往往是绿皮火车，动能只能来自火车头的拉动，而且，火车中途还可以停下来，但企业无法停下来，有问题也得在飞奔中解决掉。只要车速降下来，各种问题就像多米诺骨牌那样连续爆发。这在企业场景中就是增长一旦停止了，平时看起来不是问题的问题全面爆发。当你理解了这层意思，你就会明白为什么任正非是保守的变革派：主张持续增长，但都是润物细无声的改良，不是腥风血雨的革命。

我把任正非带领企业的方式命名为：团队"之"字型管理法。

序言一

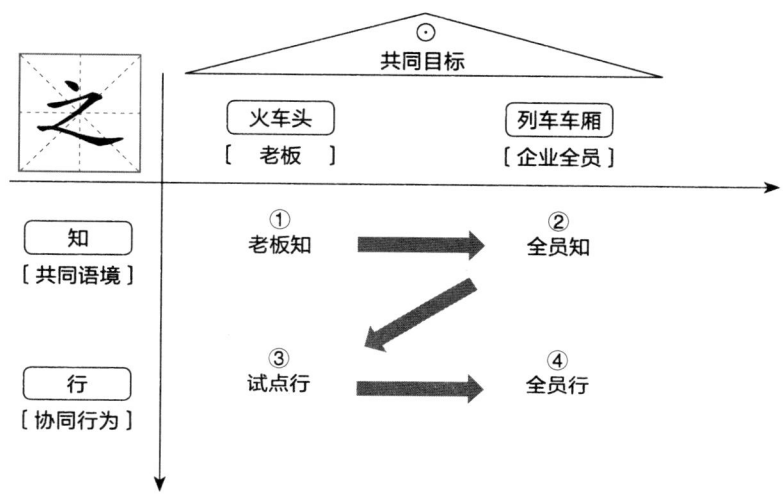

华为"之"字型管理法示意图

团队"之"字型管理法可以从外切面、内切面两个切面去看。

外切面：由横轴和纵轴组成。横轴的元素由"知"与"行"构成，分别承载构建共同语境和形成协同行为；纵轴的元素由这趟列车的两类关键角色组成：火车头和列车车厢，分别对应的是企业老板和企业全员，由个体价值走向集合智慧，承载组织的共同目标。

内切面：就是一个"之"字。以共同目标为聚焦点，顺着如下路径在演进：老板知—全员知—试点行—全员行。

中国很多企业变革的失败教训：从老板知到全员行，中间没有轨道切换过去。也就是在团队"之"字型创新法模型内切面从"老板知"直接跨到"全员行"，把"全员知""试点行"都省略掉了，所以失败概率极高。

你如果不相信，仔细观察一种现象就好：很多老板在外面知道了一个新方法，突然开悟，第二天要求全员成千上万人按新方法去做，内部思想体系瞬间混乱了。因为企业是一趟列车，列车是由齿轮带动的，公司运作机制是多个齿轮协同的过程，一开始全公司都是顺时针转，作为老板想扭

>> **华为精神**
通信巨头高效成长的文化密码

转到逆时针转,这个指令从大齿轮到中齿轮、再到小齿轮的穿透需要费很长时间的,大齿轮贸然一强扭,结果就是卡壳停摆。要顺利扭转过来,最低的代价是从小齿轮开始换方向,这个过程中,"全员知"和"试点行"是一个必经之路。

当我收到熊玥伽老师的邀请,给《华为精神》作推荐序时,我再次想到这个"之"字。作者在这本书中引用了大量案例,佐证了华为"之"字型管理法的发展路径,让我们看到一个高效成长背后的华为文化密码是如何形成的,这背后就是一种奋斗不息的"折腾"精神。中国近代泰斗级哲学大师冯友兰先生有一句话,我经常作为《华为管理之道》课程的结束语,在这里也分享出来,与大家共勉:"所有值得去的地方,都没有捷径。"

当我们从这个角度去看2018岁末的"孟晚舟事件"、2019年元月任正非面向中外媒体的系列讲话,会更加理解华为精神的本质!

邓斌

书享界创始人/CEO

华为前高级管理咨询顾问

2019年1月21日

序言二

华为的成功是文化的成功

作为中国优秀企业的代表，很多人都在探究华为成功的原因。二十年来，我一直跟踪华为，和华为有很多合作，参加过大量华为的活动，和华为从普通员工到高层有很多的交流，每年也去华为讲课，去华为全国各个研发中心和海外研发中心参观交流过，经常和朋友们探讨华为为什么能够在竞争中越来越强大。

我相信华为的成功是文化的成功。

在华为培训中心，每次进去时，都可以看到一块石碑，上面刻着：小胜靠智，大胜在德。这也在很大程度上显示了，华为人也认同文化是这个企业的核心力量。

奋斗的文化是华为文化的核心。无论是创始人还是普通员工，加入华为就是追求个人奋斗改变人生，华为曾经有过一个经典广告——芭蕾的烂脚，美丽的舞蹈后面，都是血泪来支撑。华为做到今天，不是靠关系，不是靠补助，也不靠运气，华为靠的是每一个华为员工的奋斗。"不让雷锋吃亏，不让奋斗者流泪。"华为人的精神内核就是靠自己的奋斗打下天下，靠自己努力改变命运，这是深深植根在华为人内心中的力量。

所以我们听到关于华为人狼性的说法，这就是奋斗精神的另一个侧面。我曾经在华为给中高层领导讲课，到提问环节，这些指挥了千军万马

>> **华为精神**
通信巨头高效成长的文化密码

的老总们在不断地抢话筒，场面让我非常震惊。在所有的环节上都可以看出来华为人积极的心态。这种积极的奋斗精神也洋溢着做大事的豪气。华为消费者BG的CEO余承东，接手华为手机，极为艰难，产品不够强大，研发能力不足，大量产品是低端贴牌手机，没有自己的销售渠道，品牌能力不足，这样的情况下，余承东的目标是砍掉低端机，加强研发能力，要让华为手机做到世界一流。

在很长一段时间，余承东被业界称为"余大嘴"，因为有些话在外人看来是大话，但是几年过去，余承东曾经的目标都实现了，没有人再敢说他是说大话，而理解为这就是华为人的奋斗精神和豪情，要做就做业界最好的，这一切都是奋斗精神来支撑。这种奋斗精神在华为弱小时就有，华为强大起来，从来也没有放弃，它是支持华为走得更远的核心力量。

面向世界开放学习的文化也是华为发展的重要力量。在华为还不那么强大时，就通过向世界一流的大公司学习，完善提升自己的管理与机制，通过IBM的流程再造，大大提升了工作效率与管理规范。从华为成立第一天起，面向世界，不断学习，不断提升与完善就是基本精神。向市场学习，向对手学习，向成功者学习，从来不固步自封，从来不封锁心灵，而是融汇天下人才，学习所有的能力，不断地提升自己，这是华为今天能发展起来的重要原因。

一杯咖啡可以吸收宇宙精华，像海绵一样吸收一切的新知识、新技术、新能力，向一切可以学习的人学习，这是华为人非常强的意识和能力。正是这种强大的学习能力，使华为人在发展过程，不断地完善与提升。随着不断地壮大，华为人的能力也在不断提升。

建立科学的管理体系和机制也是华为健康发展的原因之一。好的文化，必须也要有强大的执行力，一切的执行力，都是以机制来做保证。曾经有华为人自己总结，华为几个强大的机制：

序言二

一是公平的分配机制。华为可以说是一个集体所有制企业，华为18万名员工，有9万多名员工是华为的股东，拥有华为的股份，这些员工是华为发展中的获益者，华为发展得好，不是少数投资人获得巨大回报，而是绝大多数员工都可以有所得。这样，众多的华为员工才会把自己的利益和前途与华为联系在一起，伴随华为的发展而努力发展。

二是科学评价机制。一切靠数字说话，一切由结果导向。踏实工作、成果突出的员工就可以有更多的报酬，更大的发展空间，更好的机会；而那些能力差、工作业绩差的员工会面临淘汰。这种科学评价机制，保证了足够的压力，也保证了努力者应有的回报。

三是"听到炮火声"的决策机制。当一个企业从小企业发展成为大企业时，很可能出现大企业病，这就是决策者高高在上，远离一线，听到的声音都不是一线最真实的声音，无法进行科学决策，而一线拥有最真实信息的员工却无法参与决策。这就很容易使决策失去科学性，导致乱决策。华为一直追求让"听到炮火的人"决策，让一线员工参与决策，这保证了决策科学。

当然，一个这样庞大的企业，是由多种能力交汇形成的力量。任正非的人生历练，对于人性的理解，给华为注入了一种独特的气质。在很大程度上，他远不是一个企业家，而是一个哲学家和思想家，他的伟大在于，不是把这些哲学和思想停留在口头上、书本中，而是把这些哲学和思想渗透到社会实践中，进行探索和研究，在企业经营实践中得到验证。从这个角度看，中国的企业家少有超过任正非的，也正是他的存在，通过一系列的动作，推动了华为文化的建立，并且一直影响着华为的企业文化，让其不断完善，不断发展。

研究和探索华为的企业文化，是一个非常有价值的命题，很大程度上，只有看清了华为的文化，才能真正了解那些经营管理的价值与意义，才能了解具体手段的作用。

同时我也相信，这种企业文化的研究，远比一般性的哲学、思想文化的研究有意义，因为真正的思想，不应该是在书本上，而应该是落实在行动中。

项立刚

中国通信业知名观察家

中关村现代信息消费应用产业技术联盟理事长

2019 年 3 月

前言

在近十年来,中国企业快速发展,经历了2008年世界经济危机的洗礼,现在又置身于互联网整合的大变革时代,企业时刻被迫去适应急剧变化的外部环境,犹如海上扁舟,飘忽不定而又凶险异常。在暗流涌动之下,中国企业在发生积极的变化,这其中包括企业经营者的视野格局、经营意识、升级产业结构的意愿等,多方面的变化正在一步一步改变着企业的生态,那些经受过洗礼的企业,正以崭新的理念和广博的格局迎接时代各种不确定的挑战。

大量企业开始严肃地对待企业的运营管理、人才培养、企业文化建设。企业管理者开始意识到必须通过运营管理来提升企业适应力和竞争力,必须通过人才培养来保持企业发展的推动力,必须通过企业文化建设来提升企业的核心凝聚力。虽然过去人们也认同企业管理的重要性,但却远不及今天认识这般深刻,这般紧迫。

由此,自然而然,华为成为人们关注的焦点,华为长期以来就是中国民营企业经营管理的一个符号。在中国企业界内,华为和任正非似乎是绕不开的企业和名字,在任正非的领导下,华为已经发展成为中国企业的名片,华为是"中国制造"向"中国创造"的开拓者。特别是最近几年,华为逆势增长,在国际市场不断地拓土开疆。

从"小作坊"到"巨无霸"

1987年华为成立于中国经济特区深圳。成立之初,作为一家民营企业，不得不与当时垄断市场的国有企业进行竞争。任正非创立6人"小作坊"的华为凭借大无畏的冒险精神，从贸易起步，误打误撞进入交换机领域，面对国内程控交换机市场群雄逐鹿的局面，华为凭借过硬的技术和坚持不懈的公关打通了政府和市场的"任督二脉"，而后又一步步迈向国际市场。

华为人一路披荆斩棘，冲破层层阻碍，终于将华为推进了世界500强企业的门槛，成为真正意义上的世界级企业。2017年，在91家跻身《财富》世界500强的中国大陆企业中，华为是唯一一家海外收入超过国内收入的中国企业，海外收入占总收入的67%。

在2019年2月25日至28日召开的"2019世界移动大会"上，华为正式发布5G智简核心网，旨在帮助运营商构建一张全云化、全系列、全融合、极简智能的5G核心网。

早在1998年，华为总裁任正非就指出，中国五千年来就没有产生过像美国IBM、朗讯、惠普、微软这样的大企业，因此，中国的管理体系、管理规则及适应这种管理的人才的心理素质和技术素质，都不足以支撑中国产生一个现代企业。我们只有靠自己的进步，否则一点希望也没有了，这种摸着石头过河的艰难与痛苦可想而知。

就是在这样的背景下，华为人艰苦奋斗、全力以赴，华为从一个势单力薄的民营企业发展成为中国企业实现国际化的一面标志性旗帜，它走过的路成为众多中国企业学习的典范。华为的逆势增长有其偶然性，但细究之，更多的是有其必然性。

狼性精神

华为走的是一条荆棘丛生的道路，生存多艰，怎样在高手林立的竞争中打出一片自己的天地？任正非要求华为人将自己打造成一群狼：嗅到腥味就要毫不顾忌地扑上去，因此早期他们被称为"土狼"，身上散发着强烈的扩张气息和与生俱来的霸气。狼性精神是一种创新精神和顽强的拼搏精神，是一种在有限的环境和资源条件下求得生存和发展的手段，是主动奉行自然界优胜劣汰规则，优化集体意识。

军人出身的任正非，身上带有浓厚的军事色彩，他雷厉风行的军人性格深深地影响着华为。他曾对"土狼"时代的华为精神做过一段经典的概括："发展中的企业犹如一匹狼。狼有三大特性：一是敏锐的嗅觉，二是不屈不挠、奋不顾身的进攻精神，三是群体奋斗意识。企业要想扩张，就必须具备狼的这三个特性。"

华为人的狼性精神贯穿了华为的成长全过程，华为初创之时面临的对手是爱立信、诺基亚、西门子、阿尔卡特、朗讯、北电网络等这样的百年大企，个个实力雄厚，那个时候的华为在它们面前渺小得不值一提。为了求得生存，让企业在市场快速扩张，华为人如土狼一般发动了一轮又一轮疯狂的进攻，他们攻城略地，不断地蚕食对手的领地，走到哪里，哪里必有一番腥风血雨。

华为每个人在各自专业的领域保持着敏锐的洞察力和前瞻性的思考力，他们快速敏捷的运作有效发挥出最大的潜能，从而保证华为整个企业系统的快速和高效运转。

群体奋斗的团结合作精神在华为备受推崇，和华为曾经"过招"的对手也觉得华为人素质很高，他们想尽办法来战胜华为人，最终却发现收效甚微。后来他们才明白，和他们过招的远不止看得见的那几个人，在他们背后有一个强大的后援团，他们协同作战。华为用这种群狼的战术将对手打得毫无还手之力。

2012年，华为的奖金总额为125亿元，同比增长了38%，然而华为董事会的成员却放弃了全部奖金，就是因为企业业务BG和消费者BG未能实现核心管理人员年初承诺的增长目标，所以整个董事会成员自愿放弃奖金，这就是华为人"胜则举杯相庆，败则拼死相救"的团结协作精神，塑造出独具华为特色的"狼性"企业文化。

>> **华为精神**
  通信巨头高效成长的文化密码

今日的华为再也不是 30 年前的华为，随着华为内部管理的日益规范，逐渐打开国际市场，华为从最初的生涩变成如今的老练，实现了华丽的转身，华为人也不再是当年"不谙世事"的土狼。华为发展到今天这样一家驱动型的现代企业，在新形势下，华为人的狼性精神也发生了微妙的变化，从当年的横冲直撞变得沉稳低调，但这并不代表华为人的狼性精神已经褪去，在多年来华为的奋斗历程中，无数的华为人已将狼性精神融入自己的血液，他们还是如当初一般，只要认定了目标，就会不惜代价去达成，这一点是华为无论发展到哪天都是不会变的，也正是这种不懈坚持的狼性精神让华为越走越远。

《华为公司基本法》

1997 年，华为陷入了企业发展的"混沌"当中，公司内部思想混乱、各种矛盾开始凸显。就是在这样的大背景下，华为纲领性的文件《华为公司基本法》应运而生。

在《华为公司基本法》问世之前，华为走了很多弯路，碰了很多壁，却始终没有形成一套先进的管理体系。《华为公司基本法》的出现，重新激活了散布在其各个历史阶段的思想片段，使之逻辑化，并形成机制。

《华为公司基本法》将华为的企业文化、核心价值观用制度的方式进行了约束，形成了文化与制度间的良性互动，保证了企业文化得以落地执行。

初创期的华为靠的是热血和直觉，没有科学的方法论；随着企业的不断壮大，华为学会了冷静的思考，学会了理智，再也不是跟着感觉走，华为不接受那些不明不白的失败或者成功。

《华为公司基本法》就是把过去作为思考的基点，反思过去华为为何成功，把这些反思作为未来取得更大成功的资源，因为知道为什么成功，远比取得成功更为重要。

《华为公司基本法》是具有前瞻性的，它把过去、现在和未来连接起来。这是一种基于过去和现实对未来发展之路的一种探索。

在企业文化大行其道的今天，华为更加重视公司文化的培育和弘扬，任正非曾提出："华为要把朦胧化的文化变成制度性的文化，文化的实质是制度性的建设。"对于华为人来讲，《华为公司基本法》其实是为他们提供一个思考的平台，它引导华为人去思考和认同华为的文化，进而丰富华为文化。

《华为公司基本法》以企业内部宪章的形式，对公司未来的发展做出的全面规划，是企业经营发展史上的一大创新。从国内来看，曾有过鞍钢和马钢宪法，但由于历史的局限性，它们只是昙花一现，在现实中没有发挥太大作用。改革开放以来，也没有企业作出类似尝试；从国外看，尽管许多公司对自己的经营理念、经营方针、经营政策、经营战略作了总结与归纳，如日本东芝公司总经理土光敏夫的《首脑方针》，韩国乐喜金星集团董事长具滋景于1988年提出的《面向21世纪的经营构思》，微软总裁比尔·盖茨的《未来之路》等，但与《华为公司基本法》相比，无论在内容上，还是在体系上，都显得逊色。《华为公司基本法》最大的特色是规范，是以企业内部宪章的形式出现，这就是华为的创新，是华为一贯的敢为天下先的创新精神的集中体现。

华为的发展历程，积累了成功和失败的宝贵财富，随着企业规模的逐渐扩大，人员的不断更替，有的人可能一知半解，有的人可能也已淡忘。《华为公司基本法》用文字予以记录，目的在于避免华为人在思想上、精神上和文化上出现断代和流失，要使华为文化生生不息，不断地激励一批又一批华为人，前提是他们都认同华为的文化。

本书价值

本书分为六章，系统地为读者展示了华为成立30年以来所取得的辉

>> **华为精神**
通信巨头高效成长的文化密码

煌成就,剖析了华为在整个发展历程中公司内部在管理模式、制度建设、文化传承、国际化道路诸多方面的模式,进一步为大家揭示一个真实的华为。

如何能像华为一样,在企业中构建科学、系统、完备的干部管理体系,怎样打造一批勇于夺取胜利、善于胜利的干部队伍,怎样让干部、员工始终保持团结一致、艰苦奋斗的精神?这是众多企业在发展过程中必须面对的问题。

很多人都惊异于华为谋篇布局的能力,惊异它势不可挡的冲锋精神,华为似乎每一次都能从容应对各种风浪、冲击。华为善于在一次次经济变局中突破瓶颈,涅槃重生,这就像任正非期许的那样,"烧不死的鸟就是凤凰"。

华为的成功除了让今天中国的企业管理者惊叹外,也让大家增强了作为民族企业的自豪和认同感。大家从华为身上深刻地认识到,华为的经营管理哲学有着鲜明的中国文化特色,华为的成功也向中国企业昭示:中国企业可以有并且应该有属于自己独特的管理思想和模式,而不是一味地照抄西方企业的管理理念、方法论。现在尚处于自身管理模式探索阶段的企业,或许向同属一个文化系统下的华为学习,效果要好于学习西方企业的那一套理论和思想。

很多企业试图学习华为的管理,把华为当作榜样来推进企业自身的管理水平提升。但很多企业在学习过程中,往往是照抄照搬,盲目而不科学。比如一些企业学习华为的狼性文化,但却没有意识到基层业务管理和人员组织的无序的现实情况;还有一些企业学习华为的项目制管理,但却没有意识到自己并没有配套的激励系统和权责系统。

正是出现了这些失败的学习案例,我们创作了这本书。我们希望那些向华为学习的企业能够通过本书系统地、客观地理解华为的经营理念、逻辑和思维,辩证地看待华为的企业文化,避免企业停留在肤浅的生搬硬套、人云亦云的层面，帮助企业深入现实，客观冷静地进行思考，最大限度地降低企业在经营管理上的风险。

困难越大，荣耀也越大。2018年以来，面对美国的施压和制裁，华为正在经历前所未有的压力和挑战，当下对华为来说，是一个特殊的时期。即便如此，华为在磨难面前并没有退缩，而是展现出了强大的抗压实力，实现了逆势增长。华为各项业务运作平稳、组织稳定、财务指标表现良好，实现了稳健经营。

华为董事长梁华在2019年华为上半年业绩发布会说："在攀登信息通信技术的珠穆朗玛峰时，华为选择了最难走的一条路，但我们从未后悔。即使在最困难的时候，我们依然坚持自己的选择，因为我们肩负理想和使命。"希望这一次华为能够平安渡劫，迎来一个全新的发展新阶段，继续引领全球通信行业。

目录
Contents

第一章　华为的基因：从土狼到狮子

华为铁军的军魂是狼性文化 ………………………… 3

之字型的华为人成长路径 …………………………… 8

赛马文化赛出来的却是狼 …………………………… 13

华为不倒真相：力出一孔，利出一孔 ……………… 18

华为第一大原则：以"客户需求为导向" ………… 22

华为的开放合作：不做"黑寡妇" ………………… 30

华为的战略文化：敢于将鸡蛋放在一个篮子里 …… 35

第二章　华为的军规：制度为文化护航

华为文化：艰苦奋斗，实事求是 …………………… 45

华为基本法：用制度来激活创造 …………………… 48

轮值CEO制 …………………………………………… 57

干部八条：形成一个良好的内部场 ················· 62

十六条军规："知识分子＋军人能量"的聚合 ········· 68

华为向"蓝血十杰"学什么 ························· 76

第三章　华为的转型文化：内生增长才是变革

初创期只靠一条斗志：自强不息 ··················· 87

二次创业：认清冬天远比过冬更重要 ··············· 92

新阶段：团队合作与职业化文化内涵 ··············· 101

华为生存之本是整体强健 ························· 111

任正非的哲学：没有成功，只是在成长 ············· 117

持续创新是华为人前行的动力 ····················· 124

第四章　华为人的今天：谁说大象不能跳舞

危机文化：华为人永远要战胜自己 ················· 137

虚拟股权制度造就所有人的华为 ··················· 141

创新者的窘境：从一只小蚂蚁变身大象 ············· 145

头脑是未来战略的无人区 ························· 151

第五章　华为的责任：做世界的华为

"床垫文化"需要随时代进阶 ······················· 159

消除数字鸿沟，共建全联接世界 ··················· 163

让奋斗者得到及时合理的回报 ····················· 173

第六章　任正非造就华为人的个性

苦难是一笔宝贵的精神财富····················185

艰苦奋斗一直是华为人的品德··················188

思考失败才能达到成功······················192

"芭蕾脚"就是华为人的写照··················198

大舍才有大得··························202

任式演讲：看清本质，直击灵魂················206

致谢

第一章

华为的基因
从土狼到狮子

　　随着国际化势如破竹地推进，华为的企业文化和管理方法同国际接轨的矛盾也开始显露。华为成长为一家全球化的大企业时，华为早期的"狼文化"难以与国际主流对话，难以实现跨文化的有效融合与管理。在土狼时代，成长是华为的第一要务，而现在已经成为"狮子"的华为，必须拥有符合国际化和职业化需求的普遍性商业文化。

第一章
华为的基因：从土狼到狮子

华为铁军的军魂是狼性文化

  资源是会枯竭的，唯有文化才会生生不息。一切工业产品都是人类智慧创造的，华为没有可以依存的自然资源，唯有在人的头脑中挖掘出大油田、大森林、大煤矿……精神是可以转化为物质的，物质文明有利于巩固精神文明，我们坚持以精神文明促进物质文明的方针。

——任正非

  2017年，作为一家民营企业，成立30周年的华为技术有限公司以785.108亿美元营业收入首次打入《财富》世界500强企业排名前百强，排名第83位，较上一年的第129位提升46位。成就华为的，除了持续领先的技术优势，还有公司发展必不可少的企业文化，这其中，"狼性文化"是华为的伟大创举，这种带有野性的拼搏精神让华为攻克了一个又一个难关、铸造一个又一个辉煌的神话。华为公司的狼性文化成了众多企业纷纷效仿和借鉴的精神，狼性文化无疑淋漓尽致地彰显了中国企业对竞争力的渴望。

  土狼对成功有着近乎疯狂的渴望，对失败和挫折有着令人可怕的执着和忍耐，而对于周遭那些复杂多变的环境，又有着强烈的适应求生能力，

>> **华为精神**
　　通信巨头高效成长的文化密码

　　它们会不惜一切代价集体作战。土狼的这些品质，无一不向我们证明，它们绝不是那么好惹，它们是凶猛而又难缠的，即使它们面对的是看起来比它们强大数倍的狮子。

　　如果把华为比作一群土狼，那么任正非无疑是这群土狼里的首领。他创造了业内最大的一个神话，华为的利润率多年蝉联中国电子百强榜首。华为一直没有上市，但华为的名气却丝毫不亚于那些上市公司。

　　任正非认为，做企业就是要培养出"一批狼"。因为自然界中狼有生存下来的三大优势：一是有敏锐的嗅觉；二是不屈不挠、奋不顾身的进攻精神；三是群体奋斗。

　　狼性文化的第一要义就是要具备敏锐的嗅觉，要有危机感和远见。在中国，没有哪位企业家会说自己的企业已经足够成功了，顺境比逆境更多，在企业家光鲜亮丽的背后，更多的是艰难和辛酸。华为30年的历史，其实就是一个不断面对危机、解决危机的过程。如果华为的领导者和员工缺乏对外部环境敏锐的感知力和长远的规划，华为很可能早就垮掉了。

　　有位国企领导问任正非：华为为什么20多年就能成长为国际化企业？是不是靠的低价战略？任正非说：你错了，我们是高价。对方又问：那你凭什么打进了欧洲？任正非回答：是靠技术领先和产品领先，重要因素之一就是数学研究在产品研发中起到的重要作用。华为先后在俄罗斯和法国成立了华为数学研究所，由一批世界顶尖的数学家组成，正是这些科学家利用数学运算为华为的3G、4G、5G技术和企业网产品做出了突破性的贡献。

　　任正非说，中国的哲学是很有意义的，它塑造和影响了中国人的思维方式，这也很可能使得中国在未来的虚拟时代大有可为。所以，在IT和互联网行业，中国是大有前途的，中国企业是大有可为的。

第一章
华为的基因：从土狼到狮子

在华为的企业运营和日常管理中，"狼性文化"被发挥得淋漓尽致。它要求华为的团队中每个成员都必须十分清楚个人和团队的共同目标，明确个人的角色定位和在组织中的作用，在各自的专业领域保持敏锐的洞察力和前瞻思考，分工合作，相互照应，以快速敏捷的运作有效地发挥角色所赋予的最大潜能，从而推动整个企业系统的快速和高效运转，这也是华为在市场中超越竞争对手的重要利器。

为了实现企业对市场的快速扩张，在任正非培养下成长起来的这些"土狼"们发动了一轮又一轮凶猛的进攻，攻城掠地，不断占有和蚕食竞争对手的领地。

狼性文化崇尚勇往直前的进攻精神。任正非尊崇商场就是战场，指挥员下达命令进攻，其下属就要立刻冲锋陷阵，勇往无前，无论如何也要拿下阵地。这种狼性文化，使华为从管理层到各个团队成员保持对市场发展和客户需要的高度敏感性，保持对市场变化的快速反应和极强的行动能力，保持强大而坚定的信念，并且在运转过程中表现出高效率的团队协同作战精神。正是这种"凶悍"的企业文化，使华为成长为连跨国巨头都寝食难安的一匹"土狼"。

狼性文化要求群体奋斗。在华为体现为"忠诚，勇敢，团结，服从"，其中最为重要的是团结合作的精神。曾经有这样一段关于华为的文字，将华为的狼性文化所包含的对高度协作的不断追求做出了明确的阐述——

"他们的营销能力很难超越。人们刚开始会觉得华为人的素质比较高，但对手们换了一批素质同样很高的人，发现还是很难战胜。最后大家明白过来，与他们过招的，远不止是前沿阵地上的几个冲锋队员，这些人的背后是一个强大的后援团队，他们有的负责技术方案设计，有的负责外围关

>> **华为精神**
　　通信巨头高效成长的文化密码

系拓展，有的甚至已经打入了竞争对手内部。一旦前方需要，马上就会有人来增援。华为通过这种看似不很高明的"群狼"战术，将各国列强苦心经营的领地冲得七零八落，并采用蚕食策略，从一个区域市场、一个产品入手，逐渐将他们逐出中国市场。"

　　华为公司的狼性文化是高效的军队文化，是永不停歇的创新文化，是踏踏实实的学习型文化。面对外部环境，狼性文化有着非常大的优势，它以最快的速度、用最好的方法来打败竞争者，从而取得有利的地位，狼性有着一种好胜的心理和永不服输的精神，它对胜利有着疯狂的追求，对失败有着不懈的忍耐。在竞争中，华为的武器也许不是最好的，但一定是最有效的，所以它的竞争力根植于它的狼性。

　　狼性文化贯穿了华为的整个成长过程。在创业早期，华为面临的对手有爱立信、诺基亚、西门子、阿尔卡特、朗讯、北电网络等这样的百年大企，个个实力雄厚，那个时候的华为在它们面前简直不值一提。为了生存下去，华为在这个阶段可以说将狼性文化发挥到了极致，抢订单、赔本也要拿项目，那时候的华为像是一头"凶残"的土狼，逮谁咬谁，走到哪里必有一番血雨腥风。那个时候的华为可谓是四处树敌，在国内外都不受待见。

　　随着国内通信市场的饱和以及华为的不断壮大和国际化，华为实施狼性文化的环境已经改变。今天的华为也已告别往日的生涩，内部管理越来越规范，更加注重用开放的心态走向国际市场。华为变身为一家技术驱动性现代企业，其价值观也随之发生了变化，开始重视产业链的构建，与人为友。任正非曾对企业业务的管理层说，华为要学会与人合作，学会与人分享，不要破坏行业价值。

第一章
华为的基因：从土狼到狮子

但是华为身上的狼性并没有因此退化，它已经化为血液，在华为的躯体里静静流淌。只是，华为在行事方式上发生了变化，从早期的不择手段，到现在委婉曲折，凡是华为认定的目标，均会不惜一切代价去达成，这一点至今未变。

>> **华为精神**
　　通信巨头高效成长的文化密码

之字型的华为人成长路径

> 干部和人才不流动就会出现板结，会让机关和现场脱节，如果形成阶级，华为迟早会分裂。
>
> ——任正非

　　任正非一直强调干部和人才的流动，并要求不拘一格地从有成功实践经验的人中选拔出优秀专家及干部；推动优秀的、有视野的、意志坚强的、品格好的干部走向"之"字形成长的道路，培养大量的将帅团队。

　　"之"字从字形来看，是折线式的，联想到员工的个人成长和华为实际情况就是，一个员工如果在研发、财经、人力资源等部门做过管理，又在市场一线、代表处做过项目，有着较为丰富的工作经历，那么他在遇到问题时，就会更多从全面考量，端到端、全流程地考虑问题。而如果他一直在某个系里直上直下、从一条线上成长起来，那思维难免会有局限性，遇到问题也很容易出现本位主义思想，考虑问题也很可能片面。所以，华为一直鼓励干部流动，形成一个有力的作战群。

　　在打破部门局限和传统金字塔管理方式的基础上，华为保证组织结构动态化的最重要做法就是采取轮岗制度。20世纪80年代，IBM最伟大的

第一章
华为的基因：从土狼到狮子

CEO之一约翰·埃克斯曾说："想让一个组织保持最大的活性，就是让所有人都流动起来。"轮岗换位不仅可以激励员工学习更多的技能，拓宽职业宽度，对企业而言，其意义也是非同寻常的。

1995年，任正非在华为研发出自己的交换机之后决心做大市场，然而，他却发现，华为人应对市场变化方面存在严重不足，有时候客户提出一个问题，销售员要询问十几个研发人员才能给出准确的答案，研发人员在研发产品时也缺乏主动性，不去探索客户需求，只是被动等待高层下达指令，这样僵化的组织结构对华为的生存无疑是不利的。所以，任正非提出"要以轮岗制历练人才，要让所有华为人都动起来，既要有纵向晋升方面的移动，又要有横向拓展上的移动"。

在华为，轮岗换位并不是我们通常理解的只是岗位的轮换更替，而是具有更深层次的意义。轮岗换位在华为有两种操作方式：第一种是业务轮换，第二种才是岗位轮换。

业务轮换其实只是单纯地从提升原有的业务能力的角度出发，比如让原来从事研发工作的员工转而去从事生产、服务等其他性质的工作。这样做的好处是让研发人员去掌握和领会技术商品化的内涵，让最初的研发工作最后落到实践当中去；同时在这个过程中所产生的交流和对其他领域的一些了解，有助于后期在从事研发工作时能够更加精准地把握需求，避免信息在各部门、各领域间的传递造成偏差。

岗位轮换其实也很好理解，那就是必须和业绩挂钩，通过对绩效的考核决定员工升职还是降职。可能这些举措在外人看来，这在一家企业当中实在是再正常不过了，但在华为这样一家极具影响力的知名企业，内部的微小变动，无论是对个人还是整个华为都有着相当大的影响。而华为偏偏在执行这一政策时，又是"气势汹汹"的，其范围之广、频率之高都是令人难以想象的。就拿1996年发生在华为市场部的集体辞职事件来说，从普通员工到总裁级别，几乎是"无一幸免"，这就是华为轮岗换位执行力度之强的最好证明。

华为的岗位轮换不仅仅是从一个岗位到另一岗位的培训，而是易职、易岗、易薪，全部推倒重来。这给员工带来了很大的压力，但也正是在这种压力下，员工开始不断努力，通力合作，积极工作。经过多年的发展和演变，华为的轮岗换位制度已经形成了一个严密的流程。

每年的12月份，华为就开始制订下一年度的轮岗计划，公司会安排3%～5%的现有专业人才参加到轮岗培训当中。在这些人接受培训完成后，将普通人员和专业人员进行区分：普通人员可以直接确定轮岗安排；对于专业人员，他们的做法是先让专业人员自己提出个人申请，填好相应的申请表后直接上交到人力资源部门，人力资源部门再根据申请表的各项信息和所要轮换岗位的具体特征进行审核，然后再拟定参加轮岗培训的人员名单。在没有特殊情况的前提下，最终确定名单，并由人力资源部门进行备案留档。

在整个轮岗过程中，华为会通过《员工工作轮岗登记卡记》详细记录参加轮岗培训员工的各项表现，并交由专门人员保管。以半年时间为一个节点，对他们进行考核，考核的内容有：能力、潜力、工作态度和工作效率等。考核的评定由主管负责人负责，分为A、B、C、D四个等级。当评定结果出来后，再上报给人力资源部门进行备案，人力资源部会根据考核的情况及时与轮岗人员进行沟通，让他们第一时间了解自己的优缺点，以便于在后期的过程中及时予以修改、调整。

到了整个考核年度的 11 月底，华为的人力资源部门就会对这一年来员工们的考核情况进行总结，最终把考核结果列入年度考核的备案当中，如果在整个轮岗期间有员工连续两次出现 C 甚至是 D 的等级成绩，那么这些员工将直接面临调离岗位、降低职务或者安排去参加相应的培训，来弥补他们的不足，直至他们能够胜任手里的工作。

岗位轮换制度极大地提升了华为内部管理，保证了各部门的均衡发展，也有利于优秀干部快速成长。同时，接受轮换的人员将优良的经验和方法带到基层和一线，使整个华为员工系统保持积极性和灵活性。而经过轮岗制度的历练，也使得华为在运营中无论遇到任何问题，总有人能够顶上去，快速地解决问题。

在华为，几乎所有员工都换过岗位，一般一到两年就要换一个岗位，一些特殊人员和岗位甚至轮换得更加频繁。事实上，华为的岗位轮换制度与美国军队的用人制度十分相似。美国军队的岗位轮换非常普遍，在一个岗位任职，两或三年就轮换，最多四年，就连美国的军事院校的机关人员和教员都是如此。

美国军队的岗位轮换理论是：如果一件事情熟悉到人闭着眼睛都能去干，人剩下的就全是惰性、没有创造力了。越对事情不太了解、不很熟悉，工作就越小心戒惧，在这种状态下反而成效更高、更富创造性。所以，必要的轮岗是激发员工活性的客观要求。

当然，岗位轮换也不是越多越好，一方面要遵循市场需求，另一方面也要参考员工个人意愿，做到科学合理的动态调整，这样才能有效消除员工的抵触心理。与此同时，也要防备那些不负责任的员工借着轮岗的机会偷奸耍滑，为自己谋求轻松的岗位。

就像任正非在 1999 年 11 月召开的华为新员工入职大会上所说的："公司应该允许员工有挑选岗位的机会，不用封建包办婚姻式的包办定终身，但过分自由也不好，不能无限制地调换岗位。"同时，任正非还强调，"轮岗换位也要注意在干部任用上的连续性，不能为了换岗而换岗，把企业搞得乱七八糟。"

第一章
华为的基因：从土狼到狮子

赛马文化赛出来的却是狼

> 是千里马都拉出来赛，跑得最快的前25%留下来交给有关部门去考察素质，去看看牙齿啊，看看蹄口啊，看看这些东西。你们选谁就选谁，但必须在跑得快的马里面选。
>
> ——任正非

在鼓励内部竞争方面，华为的第一个做法就是提倡赛马机制，主要用赛马制取代人才培养制度。

一般企业对人才采取的大多是培养制，管理者将一个人才招聘来以后，总会为其设计职业生涯发展规划，会表示"企业期待你成为什么样的人，想要把你培养成什么样的人"，总经理想要选一个接班人出来，总是先锁定一两个目标，然后慢慢培养。

华为最初也是这样，但任正非很快便发现，如果员工不从主观上去努力争取进步，而是仅仅依靠企业的培养，效果往往是微乎其微的。最鲜明的例子就是李一男。任正非以培养接班人的态度去培养他，结果他还是离开了华为，甚至一度成为华为的竞争对手，给华为带来了一些麻烦。

与人才培养制相比，赛马制并不是说企业不重视人才的培养，而是不

>> **华为精神**
通信巨头高效成长的文化密码

以培养作为选拔标准,要求坚持竞争中的成果导向。早在1998年,任正非便曾在《不做昙花一现的英雄》一文中讲明:"华为选拔人才要重实绩,竞争择优,做不好本职工作的,就做不好更重要的工作。"

2003年,任正非在内部讲话中指出:绩效管理,绩是业绩,效是效率。华为的绩效考核评价体系是要让大家用业绩和效率说话。谁的业绩和效率高,谁就能够得到好的评价,并且享受好的待遇。比如,得到更多的奖金、股权分红、荣誉等,反之亦然。这就有一种鼓励性质和刺激性质,能够有效牵引员工去比别人做得更好,从而拿得更多。就好像赛马比赛,第一名能够得到几十万元的大奖,第二名可能是几万元,而第三名仅仅只有几千元,第四名、第五名甚至没有奖励,所以,每个参赛者都会拼尽全力去争取获得第一名,竞马的速度就是这样提上去的。

为此,华为强调要坚持"猛将必发于卒伍,宰相必起于州郡"的原则,严格遵循从有成功实践经验的人中选拔干部的制度,坚持把"是否具备基层一线成功实践、项目管理成功实践经验"作为干部选拔标准的排他条件。没有基层实践经验的机关人员,坚决不将其直接选拔为行政干部。不仅干部如此,每个员工也要通过努力工作,以及在工作中增长的才干,才可能获得职务或任职资格的晋升。

2004年,华为埃塞俄比亚办事处出现干部岗位空缺,原办事处主管被调回国内后,其继任者有两个选择,一个是德高望重、在埃塞俄比亚已经驻守5年之久的唐国伟,一个是新锐精英李建冲。两者都有很强的能力,也都对这个位置抱有很大的想法,分区经理最终决定,由二人分别带队做项目,谁能做出更多的业绩,就由谁来接任。

结果,更具冲劲的李建冲业绩上完胜唐国伟,为自己博得了晋升的机

第一章
华为的基因：从土狼到狮子

会，大家对他都心服口服。唐国伟也发奋努力，第二年被调到其他办事处担任主管去了。

到 2007 年以后，华为的赛马文化已经基本确定下来，不仅在地区部专业业务骨干的选拔上推行了"赛马制"，包括代表处的存量维护的专家队伍，也都是通过赛马制产生的。

有人认为，太过强调内部竞争会导致企业内部的不团结，对此，任正非有着不同的看法。2012 年 11 月 15 日，在华为"东南非多国管理部汇报工作会议"上，任正非指出："（在激励和分配上）我认为可能能力强的人要提升任职资格，贡献大的人要提高奖金。因此提高任职资格的人奖金可让一些给别人，奖金要给贡献大的人多发一点，贡献大的人不一定能持续贡献，提高任职资格是认为你能持续贡献。从这个角度来讲，就是要摆平内部，要求团结。赛马是容易产生不团结的，但赛马也能产生团结，就看你怎么操作。因为我们必须打破平衡，通过不平衡才能刺激发展，但我们也确实需要一些合理的平衡手段。"

2012 年 10 月 29 日，华为在北京竞园艺术中心发布了"神秘手机"华为荣耀 2，售价为 1888 元。荣耀 2 主打高速度和长待机，在待机、价格、配置方面进步很大，加上合理的营销，达到了近百万台的销量。较之华为在同年年初推出的高端手机 Ascend P1，荣耀 2 的成绩十分抢眼。此前，华为手机一直以 Ascend P 系列为主。

此时，荣耀品牌已交由华为终端新成立的电子商务部管理，产品定位中低端、高性价比，主要在华为商城、京东、天猫等电商渠道销售。相比其他传统部门，终端电商部门有很高的独立性，除了芯片等部分研发与其他系列共享之外，运营全由自己把控。

> > **华为精神**
  通信巨头高效成长的文化密码

对内来说，荣耀系列在短时间内就成为单机利润最高的产品，订货量曾达到最高5万台/天，其未来前景被很多人看好。这时候曾有内部人士提议，华为做高端品牌缺乏优势，不如放弃华为Ascend品牌，只做荣耀。

这个观点被华为终端负责人余承东坚决否定，理由是中国市场80%的销售还是靠传统渠道，电商只有20%。另外，华为终端转型高端，对标苹果和三星，而非一家小米公司，因此不可能放弃对Ascend系列的打造。

双方争论结果是，实行华为"赛马文化"，即以线上为主的荣耀品牌和偏重线下的Ascend系列同时运行，两匹马比赛。在华为，很多项目都运用了赛马机制，一样的项目，不一样的团队，双方各用各的办法，在竞争中创造最好成绩，争当先进。

可以理解为，Ascend品牌将主攻中高端，并肩负为华为终端带来足够利润的使命；荣耀品牌主攻性价比，其终极目标是要在最短时间内为华为手机业务抢占最多市场份额。前者为高端品牌而奋斗，后者为互联网而生。

华为对荣耀品牌的解读为：追求以更快变化来适应移动互联网时代。荣耀品牌准确契合互联网本质：平等，开放，去中心化，保持与受、观众对等沟通，聆听观众的呼声，为受众提供更多满足需求的高性价产品。荣耀产品遵循华为品质，追求更酷的、更极致体验。

在这样的机制下，荣耀得到了自由的发展，之后也实现了独立，成为互联网手机界的佼佼者。同时，Ascend系列也深入开拓高端机市场，成为排名前列的实力品牌。

2017年11月27日，任正非在人力资源管理纲要2.0沟通会上说："低绩效员工还是要坚持逐渐辞退的方式，但可以好聚好散。辞退时，也要多肯定人家的优点，可以开个欢送会，像送行朋友一样，让人家留个念想。

第一章
华为的基因：从土狼到狮子

也欢迎他们常回来玩玩。"

　　华为的文化是赛马文化，通过赛马，赛出来的却是"狼"，因为每一个从千军万马中脱颖而出的华为人都不仅仅只有"马的速度"那么简单，更兼具"狼的攻击性"，随便到哪里，都能即刻投入战斗，随时地参加到攻城拔寨之中。而那些在赛马过程中跑得慢的人，所要面临的就是华为"末位淘汰"的惩罚了。

>> **华为精神**
通信巨头高效成长的文化密码

华为不倒真相：力出一孔，利出一孔

> 历史上的大企业，一旦过了拐点，进入下滑通道，很少有回头重整成功的，我们不甘倒下，那么我们就要克己复礼，团结一心，努力奋斗。
>
> ——任正非《力出一孔，利出一孔》

管子曰："利出一孔者，其国无敌；出二孔者，其兵不诎；出三孔者，不可以举兵；出四孔者，其国必亡。"管子"利出一孔"的思想影响深远，典型的表现是商鞅运用其思想在秦国实行"农战"国策，使秦国富强一方。管子"利出一孔"思想具有重要的意义。

2012年，低调的华为公司向外界高调披露了当年的经营业绩，收入增长8%，利润增长33%。与同城的另一通信巨擘中兴通讯相比，华为的业绩可谓亮丽，中兴的业绩预告显示，2012年收入负增长，并出现了巨额亏损。华为将自己的成功归结为两点："力出一孔"和"利出一孔"。

所谓"力出一孔"即业务聚焦，华为坚持聚焦管道战略，无论是"云—管—端"的战略还是进军消费和企业市场，都是沿着信息管道进行整合和发展。业务聚焦很重要，但中兴通讯与华为的业务并没有实质区别，

第一章
华为的基因：从土狼到狮子

在市场低迷时，两家公司出现的巨大业绩反差产生的真正原因，可能还是要归结到公司文化、人才激励、领导人等更基本的因素上。从这个意义上，华为的"利出一孔"更值得探究。

在发布的新闻稿中，华为将"利出一孔"更多地引导到"廉洁自律"。这一点固然重要，但有点避重就轻，仅仅靠管理层廉洁自律肯定无法团结到18万名知识型员工，让他们真正做到"力出一孔"。

"过去20年，华为员工持股计划，为公司创造了强大的生命力。让所有员工深刻意识到，华为只有一条路'力出一孔''利出一孔'。"这是孟晚舟前几年反复强调的一句话，也是华为持续大力推行的管理战略。

"力出一孔"可理解为有限的资源只能做有限的事情，要把华为所有的资源聚焦在战略上，只有在战略上实现突破，公司才能长治久安。而另一个"利出一孔"则是指华为18万员工不与公司发生任何关联交易，从高层做起。

"力出一孔，利出一孔"最早出现在华为总裁任正非在2012年12月31日发出的新年献词中，这个邮件被发往当时140个国家中的15万员工。在这份邮件中，他这样写道："我们的EMT（经营管理团队）宣言，就是表明我们从最高层到所有的骨干层的全部收入，只能来源于华为的工资、奖励、分红及其他，不允许有其他额外的收入。从组织上、制度上，堵住了从最高层到执行层的个人谋私利，通过关联交易的孔，掏空集体利益的行为。20多年来我们基本是利出一孔的，形成了15万员工的团结奋斗。我们知道我们管理上还有许多缺点，我们正在努力改进之，相信我们的人力资源政策，会在利出一孔中，越做越科学，员工越做干劲越大。我们没有什么不可战胜的……如果我们能坚持'力出一孔，利出一孔'，'下一个倒下的就不会是华为'。如果我们放弃了'力出一孔，利出一孔'的原则，'下一个倒下的也许可能就是华为'。历史上的大企业，一旦过了拐点，进入下滑通道，很少有回头重整成功的。"

"的确，华为内部常常在居安思危过程中去反思自己的问题，下一个倒下的是不是华为？"孟晚舟说，"华为在过去的每一天都在讨论华为会不会倒下，这是我们的危机意识。"但她认为，唯一能击败华为的风险，是来自华为的内部腐败。

华为公司自建立起，就要求干部要严格自律，勇于自我批判，并提出要制度化地防止干部腐化、自私和得过且过。当华为在高层选拔管理者中有人利用职权谋取私利时，就说明华为公司的干部制度和管理出现了严重问题，如果只是就事论事，而不从制度上寻找根源，那华为距离死亡就已经不远了。

华为自2005年起，就逐步完成了EMT成员、中高层干部的关联供应商申报与关系清理，并通过制度化宣誓方式层层覆盖所有干部，接受全体员工的监督。

2017年华为监管体系座谈会上，任正非发表了《内外合规多打粮，保驾护航赢未来》的讲话，再次强调了监管工作的重要，表示维持生存的根本就是不能腐败；华为发展快而腐败少，得益于在管理和控制领域做出的努力。并在讲话最后说道："华为公司最宝贵、最伟大的财富就是我们的管理平台，如果公司的生命终结，这个平台也就一文不值了。所以我们一定要维持生存，维持生存的根本就是不能腐败！"

华为最大的特色，或者说成功的基础可归结到它的"知本主义"。华为副董事长徐直军在接受媒体采访时承认，任正非在创办华为时就建立起来的与员工分享公司利润成果的分享机制是华为成功的最核心要素。

任正非早就认识到，华为所从事的通信行业属于科技行业，公司兴衰成败取决于能团结到多少杰出的知识型员工"力出一孔",因此,他在华为创建了以知识为本的利益分享机制。

随着华为一步步成长为全球通信行业的领导者,公司的透明度逐渐提升,任正非的经营理念越来越被企业经营者所关注和认可,我们也越来越清楚地看到他的经营哲学、远见卓识和对人性深刻的洞察。

"财散人聚",激励知识型员工艰苦奋斗,打造一家以知识为本的高科技企业,持续为客户创造价值,华为确实做到了。

在打造具备持续竞争力的百年企业的道路上,任正非所面临的挑战与许多创办了伟大企业的创始人相同,即在离开自己所创办的企业之后,如何保证公司仍然具备之前一样的创新活力和竞争能力。

>> **华为精神**
通信巨头高效成长的文化密码

华为第一大原则：以"客户需求为导向"

我们要为客户利益最大化而奋斗，质量好，服务好，价格最低，那么客户利益就最大化了，客户利益大了，他有再多的钱就会再买公司的设备，我们也就活下来了。我们的组织结构、流程制度、服务方式、工作技巧一定要围绕这个主要的目的，好好地进行转变来适应这个时代的发展。

——任正非在技术支援部2002年一季度例会上的讲话

管理大师彼得·德鲁克曾说过："如果我们想知道企业是什么，我们必须首选了解企业的目的，而企业的目的必然存在于企业之外。事实上，由于企业是社会的一个器官，因此企业的目的必然存在于社会之中。关于企业的目的，只有一个正确而有效的定义，那就是创造顾客。"

华为也和我们大多数企业一样，把"以客户为中心"这句话作为其六大核心价值观之一，任正非也经常在各种场合向华为人和客户传达这样的观点：客户是华为的衣食父母，天底下唯一给华为钱的只有客户，华为之所以能够活下来，其中很关键的因素就是坚持以客户为中心，并且也只有不断坚持以客户为中心，才能让华为活得更久一些。

华为第一大原则就是以"客户需求为导向",不会计较华为在短期内的得失,而其他企业更多以收入、利润等为导向。这种企业文化得到了客户的认可,也为华为赢得了更多的忠实客户和长远利益。

在战火中坚守

当 2011 年利比亚战事爆发的时候,许多欧美知名移动设备提供商纷纷在第一时间选择撤离,中国政府也安排专机接送在利比亚的华人华侨,面对这样严峻的人生考验,是选择回到祖国家人身边还是坚守在客户身边?华为不少员工选择了坚守,因为华为员工知道这个时候网络和通信的安全与稳定对于客户是多么的重要,这个时候是客户最需要他们的时候。

既然客户最需要他们,他们唯一能够做的就是留在客户身边,帮助客户确保网络和通信的安全与稳定。当然这样的选择会伴随着莫大的风险和牺牲,但是为了客户,为了网络的稳定,华为员工用他们的实际行动诠释了什么是"以客户为中心"。这番坚守也赢得了客户的信赖和赞誉,当利比亚战事结束之后,华为在利比亚获得了远远超越竞争对手的移动通信设备订单。

除了在非洲这些战乱频发的国家,在亚洲当 2011 年日本福岛爆发核危机之后,华为董事长孙亚芳带领的华为日本团队不仅没有撤离,反而增派人手,沉着冷静地参加了抢险,在一天内就协助软银、E-mobile 等客户,抢通了数百个基站。

在华为类似像利比亚和日本福岛的案例还有很多,也许这就是华为文化和信仰的力量。为此任正非曾经于 2011 年在华为伊拉克代表处进行过一次讲话,也让大家再次体会到华为"以客户为中心"的职业使命感:

>> 华为精神
通信巨头高效成长的文化密码

"我们从事的是为社会提供网络,这种覆盖全球的网络,要求任何时候必须稳定运行。而我们提供的产品与服务已无处不在,无时不在,无论在缺氧的高原、赤日炎炎的沙漠、天寒地冻的北冰洋、布满地雷的危险地区、森林、河流、海洋……只要地球有人的地方,都会有覆盖。我司已为全人类的20%提供了通信服务,网络要求任何时候、任何情况下不间断,在这么宽广的地域范围内,随时都会有瘟疫、战争、地震、海啸发生,因此,员工在选择工作岗位时应与家人一同商量好,做好风险的控制与管理,不要有侥幸心理。华为并不意味着高工资,高工资意味着高责任。华为将推出本地化薪酬,做一般劳动者也没有什么不光荣。我们的职业操守是维护网络的稳定,这是与其他行业所不同的,豆腐、油条店……可以随时关掉,我们永远不能。我们曾经在安哥拉,当地负责人不请示公司,就背弃了当地政府,背弃了运营商及合作伙伴,私自撤离,酿成大错。事后多年当地政府坚决拒绝华为再进入安哥拉,我们为此付出了多大代价才重返安哥拉。任何时候都会有动乱发生,我们在任何地方、任何时候只对网络的基本稳定承担责任,任何地方、任何时候,我们决不会介入任何国家的政治。放弃网络的稳定,会有更多的人牺牲。日本的50死士他们不牺牲,事故的扩大,就会有成千上万的人牺牲。任何事业都不是一帆风顺、布满鲜花的,我们选择的职业,是有一定责任的,而且企望担当重要职务的员工,责任更加重大。我们所有的干部,要如解放战争期间共产党员一样,'冲锋在前,退却在后;吃苦在前,享受在后'。我们的各级骨干,应是这种选择。"

这就是华为需要的职业责任感。客户最需要他们的时候,华为可能是全球唯一一家在利比亚坚守的移动设备提供商。

企业是对客户有用,才具有存在意义。如果以自我为中心,把自己的

第一章
华为的基因：从土狼到狮子

需求凌驾于客户的需求之上，皮之不存，毛将焉附？所以在华为每一位员工，不论在什么岗位，都必须明确：我的客户是谁？他们的需求是什么？只有把客户意识真正融入思想意识和言谈行为中，才能更好地为客户服务，才能存活下去。

现在企业竞争已不是一个企业与另一个企业的竞争，而是一条供应链与供应链的竞争。只有帮助客户追求多赢，实现他们的利益后，华为才能在利益的链条上找到自己的位置。

细致入微的客户接待

几年前，摩根士丹首席经济学家斯蒂芬·罗奇带领着一个机构投资团队到深圳华为总部，任正非并没有亲自接见，而是派了负责研发的常务副总裁费敏接待。事后罗奇说："他拒绝的可是一个3万亿美元的团队。"任正非对于此事的回应是："他（罗奇）又不是客户，我为什么要见他？如果是客户的话，最小的我都会见。他带来的机构投资者跟我有什么关系呀？我是卖机器的，就要找到买机器的人呀！"由此可以看出任正非对客户的偏爱和重视。

在企业的经济交往活动中，接待是一项正常工作。企业态度热情一些，多点诚心，多点礼貌，多点热情；工作实在些，多点细心，多点周到，多点方便，让客户充分感受到尊敬、礼貌、友好、热情、方便，心情舒畅些，这样非常有利于客户选择企业的产品与服务。如何接待客户以及接待客户的能力，一定程度上反映了这家企业对客户第一价值观的实践程度。

华为可以说是在国内客户接待方面做得非常到位的一家企业，也可以说是把客户第一的价值观贯彻得很深入的一家企业。这点从华为的参观接

> > **华为精神**
通信巨头高效成长的文化密码

待流程就可以看出。

在华为,负责客户接待的部门是客户工程部,任正非安排自己的儿子亲自掌管这个部门,他希望把客户接待作为一项系统工程来对待。

在客户参观华为的前两天,华为客户工程部工作人员会首先和客户电话进行行程安排、相关接待细节等事宜,以期让客户在走进华为之前对于整体安排有一个预热。在前期的沟通环节,华为工作人员会力求了解更多的关于客户的信息,如客户来访人员核心领导人员名单、性别、年龄以及民族等信息,同时还必须了解客户此次参访最大的诉求,了解这些信息对于工作人员更有针对性的安排参访和讲解会非常有帮助,也会让华为工作人员对整个参访团队做到有的放矢。

当天的参观接待,华为会安排一辆礼宾引导车全程陪同引导,由于担心客户不太熟悉路程,华为的礼宾车会提前15分钟停靠在高速公路华为出口(从深圳市区前往华为基地需要经过梅观高速)。礼宾车司机都是经过严格选拔的,除了驾驶技术过硬之外,对于身高和长相也有要求,所以每次在华为都会看到一位形象气质俱佳的帅哥司机前方引导。

这时候华为工作人员会诚挚邀请参访企业带队参观者乘坐礼宾车,华为期望通过这种方式显示出对于领导和客户的尊敬和重视。华为基地很大,因此这辆礼宾车会在参访华为期间一直担任引导角色,华为的工作人员也会在不同的参观地点进行电话沟通和确认,以确保到了不同的地方总会有华为的接待人员微笑迎接。

客户参访华为的第一站是华为产品展厅,当大家进入产品展厅看到的第一幅画面是显示有"欢迎××莅临华为参观"的电子欢迎牌,这让每一个参访华为的人都有宾至如归的感觉。紧接着华为会安排全体参访人员合

第一章
华为的基因：从土狼到狮子

影留念，参观华为产品展厅可以全方位了解华为的产品与服务，华为期望通过展厅的专业讲解让客户对华为的产品和服务有直观的了解和感受。

2011年底，华为在之前的运营商展厅的基础上增加了企业展厅，这和华为的战略转型息息相关，华为从2011年成立了和运营商业务事业部平级的企业业务事业部，此举一方面显示出华为对于企业业务的重视，另一方面也显示出华为期望能够给企业端客户提供更加贴身与及时的服务。华为企业展厅不仅仅是展示华为最新产品和应用的地方，展厅在设计时候融入了更多和客户互动及体验环节，通过客户的亲身实践与感受增进客户对于华为产品的感知与良好印象。

参观华为展厅可以说是了解华为的窗口，当客户即将前往华为其他区域进行参观的时候，华为工作人员会将装有大家在展厅门口合影的相框送给每一位参访嘉宾，这个环节特别能够打动参访者。参访嘉宾拿到相片的时候无不感动和惊讶，大家惊讶于华为对于细节的重视，感动于华为对于客户的尊重。

随后华为会安排参访立体物流基地、华为大学、华为百草园等地方，无论在哪个地方参观，华为专业接待人员总是提前在入口处微笑迎接，为参观人员进行专业耐心的讲解，同时华为随同的接待人员也会不时询问大家是否还有其他的需求，只要是客户提出的需求，在合理的范围内，华为的工作人员都会尽一切能力提供支持和帮助。

在客户接待方面能够做到这样的企业凤毛麟角，华为做到了，并且超出了客户的期望。华为的客户工程部其实不仅仅是在进行客户接待这样的简单工作，他们在展示公司产品的同时也在展示华为品牌和华为形象，华为通过客户接待工作成功与客户进行了互动和体验。这样做的结果就是——如果客户需要类似的产品或服务,他的脑海浮现出的第一个画面一定是华为。

从这一点来看,华为客户工程部与其说是一个客户接待部门,倒不如说是一个销售前沿部门更为贴切。因为客户工程部不仅成功地让客户认识了华为,同时做了一次华为产品的"售前顾问",拉近了与客户的关系与感情,为日后销售人员跟进客户做了良好的铺垫。

华为凭什么在竞争激烈的电信设备领域步步为营?华为凭什么击败世界巨头成为世界第二?华为对于客户的接待工作只是华为对客户提供产品和服务的一个环节,但从这个环节可以看出华为对于客户的关注和尊重,也可以看出华为是如何践行"客户第一"的价值观。

开发出客户需求的优质产品

除了在细节上尽可能地让客户满意之外,作为在通信领域这个"技术为王"的世界里,华为人更深刻地理解到满足客户需求、能为客户带来有价值的技术才是硬道理。为此,华为设立了专门的客户需要研究部门,在全国各地与客户交流,倾听客户的声音,将客户的需求反馈到研发部门,形成产品的发展路标,开发出满足客户需求的优质产品。

从2001年开始,华为开始对客户进行持续性的第三方客户满意度调查,目的是要给全球客户提供更优质的产品和服务,在日益激烈的市场竞争中保持领先。

在"关注客户需求,才能做到客户满意"的思想指导下,华为搜集信息,以客户的意见为努力方向。华为对客户的细心之处,在于把关注客户的工作落到了实处。为了加强对服务用户的认识,任正非在内部提倡自我

第一章
华为的基因：从土狼到狮子

批判，而客户经理制也在 2002 年转变为客户代表制。

外媒曾评论华为说：来自中国的华为，代表着一种全新的商业模式：推出产品更快，更贴近客户需求，更低的研发和制造、运作成本，更愿意面对市场做出灵活的调整。这种模式更有生命力和竞争力，就如同当年丰田汽车进入美国时，丰田模式相对于福特的竞争优势。

以客户需求为导向，以客户为中心的意识，犹如血液一般在华为人的身体里流淌，成为华为人共同的"基因"。华为坚决坚持积极响应用户需求的方法，从这个方面来打败竞争对手，这无疑是值得其他中国企业借鉴学习的。

>> **华为精神**
  通信巨头高效成长的文化密码

华为的开放合作:不做"黑寡妇"

一定要开放,不开放就是死路一条。对于我们公司来说,如果我们的软件不开放,就跟中国自给自足的农民情况一样,收益率非常低,再怎么折腾就是一亩三分地。如果我们不掌握核心技术,开放也是埋葬自己。

——任正非《只有开放,才有出路》

美国经济专栏作家托马斯·弗里德曼提出的"地球是平的",当下的互联网思维,其共同的特性就是开放、合作,才能实现共赢。在这样的背景下,华为的生存和发展也不例外,只有坚持开放、合作,才能赢得客户的认可。

一味地挤压合作伙伴来获得发展的路径,被任正非称之为"黑寡妇"蜘蛛。"黑寡妇"蜘蛛可能是世界上声名最盛的毒蜘蛛了,它毒性剧烈,而且会在交配过程中慢慢吃掉配偶,把它作为自己孵化幼蜘蛛的营养。因此,民间才把这种毒蜘蛛取名为"黑寡妇"。

任正非以"黑寡妇"蜘蛛来比喻一些企业,有的经营者一味地挤压合作者的利润来获得发展,结果合作者被吃掉。为此,在 2010 年 PSST 体系干

第一章
华为的基因：从土狼到狮子

部大会上，任正非以《以客户为中心，加大平台投入，开放合作，实现共赢》为题强化开放、合作，提出实现共赢的新思维。

任正非说："在最近的人力资源管理纲要研讨会上，我讲了要深刻理解客户，深刻理解供应伙伴，深刻理解竞争对手，深刻理解部门之间的相互关系，深刻理解人与人之间的关系，懂得开放、妥协、灰度。我认为任何强者都是在均衡中产生的。我们可以强大到不能再强大，但是如果一个朋友都没有，我们能维持下去吗？显然不能。我们为什么要打倒别人，独自来称霸世界呢？想把别人消灭、独霸世界的成吉思汗和希特勒，最后都灭亡了。华为如果想独霸世界，最终也是要灭亡的。我们为什么不把大家团结起来，和强手合作呢？我们不要有狭隘的观点，想着去消灭谁。我们和强者，要有竞争也要有合作，只要有益于我们就行了。"

在任正非看来，开放、合作、实现共赢才是企业经营的终极哲学。当华为日渐壮大之后，无疑会遭到行业的批评。为了维护业界的生态，任正非鲜明地作出指示：

"华为跟别人合作，不能做'黑寡妇'。以前华为跟别的公司合作，一两年后，华为就把这些公司吃了或甩了。我们已经够强大了，内心要开放一些，谦虚一点，看问题再深刻一些。不能小肚鸡肠，否则就是楚霸王了。我们一定要寻找更好的合作模式，实现共赢。研发还是比较开放的，但要更加开放，对内、对外都要开放。想一想我们走到今天多么不容易，我们要更多地吸收外界不同的思维方式，不停地碰撞，不要狭隘。"

当今的世界是一个开放的世界，任何一个企业一旦追求封闭，无疑是自寻死路。在 20 世纪末期，康柏电脑的开放策略打败了不可一世的 IBM 的封闭战略；谷歌安卓系统的开放打败了微软的封闭战略；华为的开放打败

>> **华为精神**
通信巨头高效成长的文化密码

了思科……在开放的大势下，任正非在公开场合坦言，华为坚决不做单打独斗的堂·吉诃德。当遭遇美国的贸易壁垒时，任正非是这样回应的："多年来美国一部分人，一部分媒体，长期歪曲、攻击我们，说明我们的美丽已经让他们嫉妒……我们要以此为自豪，为信心，我们要更加投入，使我们美丽，更美丽。平等的基础是力量。"

在2010年PSST体系干部大会上，任正非告诫："华为的发展壮大，不可能只有喜欢我们的人，还有恨我们的人，因为我们可能导致了很多个小公司没饭吃。我们要改变这个现状，要开放、合作、实现共赢，不要一将功成万骨枯。比如，对于国家给我们的研究经费，我们不能不拿，但是我们拿了以后，是否可以分给其他需要的公司一部分，把恨我们的人变成爱我们的人。前20年我们把很多朋友变成了敌人，后20年我们要把敌人变成朋友。当我们在这个产业链上拉着一大群朋友时，我们就只有胜利一条路了。"

只有开放、合作，才能实现共赢。任正非说道："'开放、合作、实现共赢'，就是团结越来越多的人一起做事，实现共赢，而不是共输。我们主观上是为了客户，一切出发点都是为了客户，其实最后得益的还是我们自己。有人说，我们对客户那么好，客户把属于我们的钱拿走了。我们一定要理解'深淘滩，低作堰'中还有个低作堰。我们不要太多钱，只留着必要的利润，只要利润能保证我们生存下去。把多的钱让出去，让给客户，让给合作伙伴，让给竞争对手，这样我们才会越来越强大，这就是'深淘滩，低作堰'，大家一定要理解这句话。这样大家的生活都有保障，就永远不会死亡。"

回顾华为的历史，在华为30年的发展中，其初期只顾埋头走路，相对

第一章
华为的基因：从土狼到狮子

封闭。当华为日益茁壮之后，这样的做法无疑是行不通的——开放、合作、实现共赢就成为华为不得不面对的问题。2010年12月，华为对外发布云计算战略，以及端到端的解决方案。华为领军人物任正非罕有地出席了面向全球云计算的发布会。

华为进军云计算，是彰显华为开放、合作、实现共赢的转变。"华为20年来，从青纱帐里走出来，一个孤独的'农民'，走在一条曲曲弯弯的田间小路。"任正非在发言中说，"华为多年来像当年堂·吉诃德一样的封闭，手拿长矛，单打独斗，跌跌撞撞地走到今天。当打开眼界一看，华为已经不得不改变自己长期的封闭自我的方式。"

作为全球领先的信息与通信解决方案供应商，华为自2000年率先走出国门，开始在全球其他地区积极拓展。2012年以来，华为的全球化步伐越来越大，华为在全球多个地方进行人力中心建设，依托本地化的优势进行本地化的经营。其中一个显著体现是：华为海外本地化人员已经超过了70%。华为以此为标准，成为真正的全球员工组成的全球化企业。

是什么原因促使华为走出去？华为发展到一定程度，愿景是要成为世界级的企业。走出去不是为了成为世界第一，是为了活下去。

全世界都认为，中国地大人多，是世界上最大的市场之一。但华为认为，市场再大也总有饱和的一天，只有走向世界，才能活下去。当时华为认定3G、4G是大势所趋，很早就在3G、4G研究上进行战略部署，连年保持高强度的技术研发投入。鉴于国内3G、4G发展得比较晚，而世界上早已比较流行，所以华为利用领先的3G、4G技术到全球去寻找机会，收获了一片广阔的天地。在随后的4G网络中，华为持续发力，2016年8月31日芬兰网络运营商Elisa宣布，它们利用华为的技术，创造了4G移动网速的世界新

>> **华为精神**
通信巨头高效成长的文化密码

纪录，达到惊人的 1.9Gbps，折合 243MB/s，理论上下载一部蓝光电影只要 44 秒。当时投入商用的最快的 4G 网络下载速度只有 300Mbps，更快的网络也有，但都是在 5G 下实现的。2018 年 2 月 27 日，华为发布了首款 3GPP 标准商用芯片巴龙 5G01 商用终端，支持全流主流与 5G 频段。

5G 的发展带来了全球通信行业的洗牌，华为也面临着前所未有契机。华为既然已经走向海外，就一定要探索出一条能够活下来的路，这是路径选择。

第一章
华为的基因：从土狼到狮子

华为的战略文化：
敢于将鸡蛋放在一个篮子里

> 我们要成为领导者，一定要加强战略集中度，一定要在主航道、主战场上集中力量打歼灭战，占领高地。
>
> ——任正非

在华为发展壮大后，任正非面对外界各种赚钱的项目不为所动，拒绝多元化。他认为市场竞争中最有力的武器是集中所有的精力在一个点上，即聚焦主航道，这样往往能够取得更大的成就。

从创建到现在华为只做了一件事，就是专注于通信核心网络技术的研究与开发，始终不被其他机会诱惑。任正非说："华为敢于将鸡蛋放在一个篮子里，把活下去的希望全部集中到一点上。"

2014年4月23日，华为在深圳举办全球分析师大会，对一年来的业绩进行总结，并对未来业务进行规划。华为表示，未来是一个万物互联的世界，华为将继续聚焦管道战略，为大数据流量提供管道支撑，做万物互联的管道、做互联网流量的渠道。

互联网、移动互联网逐渐渗透到日常生活的各个领域，越来越多的产

>> **华为精神**
通信巨头高效成长的文化密码

业、设备"入网""联网";管道能够协助运营商建立无论是移动互联网还是宽带互联网的一个网络,这是华为经营的重点;消费者业务要以消费者为核心,面向消费者,才有可能成功。

面对即将到来的大数据流量时代,华为选择定位管道,将管道作为核心战略。数据流量(音频、视频、大数据、云计算)是水,华为做的是运水的管道。"信息流流过的地方就是聚焦的方向。"徐直军说,"管道是华为的核心战略,是华为的航道,我们所有的业务都沿着管道战略展开,力出一口。"

华为管道战略中的管道是面向技术视角、产业视角的用来承载信息的数字管道体系。就拿中国的水系作比喻,在这个管道体系中,网络终端(例如手机)是水龙头,水龙头一开,水(信息)就能流出来,信息就不断产生和消费。企业网络相当于支流和城市管网,企业数据中心是水库,支流越宽,城市管网铺得越好,就能把更多的水收到主管道中,就能交互更多的信息,企业的信息化程度就越高。移动宽带(MBB)、固定宽带(FBB)是黄河、长江,数据中心解决方案是洞庭湖,骨干网解决方案是太平洋,他们负责处理和传输从各个支流汇聚过来的数字洪水。这就构筑了一个完整的从信息产生到汇聚、传输、交换,最终形成宽广信息太平洋的信息管道载体。而服务对整个管道体系进行管理、维护和优化,确保管道畅通无阻。

IP Video平台和SDP平台等信息管道的使能平台,帮助客户更大地发挥出信息管道的价值并创造收入。BSS是管道运营和计费的系统,网络能源为管道供电。这些系统都是服务于管道体系的,可以帮助客户提升收入和更好地使用和管理管道体系。

第一章
华为的基因：从土狼到狮子

华为坚定不移地聚焦管道业务。未来投资也聚焦沿着这个管道水流体系发展，同时适当投资促进管道的扩大，以及使管道得到有效的计费、管理和维护的产品解决方案，但不投资管道中的水，也就是不投资信息管道中流动的内容。

华为积极倡导"人人有宽带"和"高带宽、多业务、零等待"的客户体验，积极支持云计算和M2M，积极参与产业链的构筑。华为做的一切，目标都是使得管道更粗更大，管道覆盖更广，这样客户和华为都能取得更大的发展空间。

华为的管道战略是聚焦的战略。面向消费者，华为只做能够产生流量和消费流量的网络终端，不做非连接的消费电子产品；面向企业和行业，华为聚焦企业/行业所需要的ICT基础设施，只做ICT基础设施产品提供商，不做细分领域的应用软件；面向运营商网络，华为聚焦支撑未来信息洪流的E2E大管道架构，以"高带宽、多业务、零等待"的客户体验作为努力的目标。

华为面向运营商、企业/行业、消费者三类客户成立各自的BG，为三类不同的客户提供ICT解决方案。但网络终端、企业网络、面向运营商的网络以及数据中心解决方案最终是相通的，是紧密结合在一起的，是相互促进的，技术上也是垂直整合和一脉相承的，都是基于ICT技术的数字逻辑产业。比如无线技术在运营商网络侧使用是基站，在消费者侧使用是手机；IT技术在企业中使用是服务器，在运营商网络中使用是各种专用设备（如MSC、HLR）。技术的整合与共享使我们在服务于各类客户群体的时候，能够提供更优质、更有竞争力的产品解决方案，同时也可以优化华为的投资效益，摊薄成本。从这个角度来说，华为的发展有两个驱动力，一个是

华为精神
通信巨头高效成长的文化密码

以客户需求为驱动力，围绕客户需求提供解决方案，以客户需求拉动华为的发展；另一个是以技术为驱动力，通过技术的不断升级带来更好的体验、更低的成本，从而驱动产业的不断发展。这两个驱动力相辅相成，缺一不可。

华为构建面向技术视角、产业视角的管道，致力于服务好各类有管道需求的客户。这个世界总是在不停地变化，客户需求在变化，华为交易的对象也会不断变化。未来运营商会持续投资管道，互联网业务提供商也可能大规模建设自己的管道体系，大型企业/行业在ICT的投资也会快速增加。华为坚持以客户为中心，客户需要管道并且能给华为带来利益回报，华为就向其提供优质的产品和服务。

管道战略是华为的核心战略，华为公司坚定不移地聚焦管道业务。面向即将到来的数字洪水时代，华为致力于通过提升管道容量、增强管道使能、优化管道管理，使管道越来越宽，使管道覆盖无处不在，客户体验越来越好，从而促进全社会实现联接的无限可能，极大地丰富人们的沟通与生活，提升工作效率。

在企业业务方面，华为聚焦被集成。作为产品提供商，华为将打造差异化的产品，跟合作伙伴一起完成销售服务。

这样的策略为华为带来了丰厚的效益。华为2016年财年实现销售收入5216亿元人民币，净利润为371亿元人民币，其中运营商网络业务实现销售收入2906亿元人民币，同比增长24%，占华为总体销售收入的55.7%；企业业务销售收入达407亿元人民币，同比增长约47%，占华为总体销售收入的7.8%。

相比于华为的高速增长，爱立信的经营状况就不是那么好看。2016年

第一章
华为的基因：从土狼到狮子

全年收入2226亿瑞典克朗，同比下降10%（约合260亿美元，同比下降11%），净利润19亿瑞典克朗，同比下降86%（约合2.2亿美金，同比下降86%）。

跟踪电信设备行业多年的独立分析师田颖认为，华为的管道定位凸显其在运营商市场的位置，"管道能够协助运营商建立无论是移动互联网还是宽带互联网的一个网络，这是华为经营的重点，所以华为会在各个场合强调其管道作用。这个管道是不能丢的，华为要守住自己的经营重点。"

承载庞大的数据流量，将成为华为与合作伙伴的价值所在。未来的数字物流，需要更大更快更粗的管道，这是华为面临的机遇。华为将加大IT技术投资，重构CT、IT架构，华为的愿景是——打造一个更美好的万物互联的世界。

对此，电信行业资深分析师付亮曾撰文称：华为2011年启动的战略调整见效，在运营商业务不断缩小与领先者差距的同时，布局企业网业务、消费者业务两个新的增长点，并在未来的高速智能网络解决方案中的"云—管—端"各个环节都集聚了越来越多的能力，逐步成为ICT行业的领跑者。

在全球ICT产业分布中，不同的公司有不同的战略选择。有的专注于芯片，有的专注于基础软件，有的专注于提供贴近客户的电子消费终端，有的专注于内容，还有的专注于运营，而华为选择和聚焦的是管道，华为所有的业务都沿着管道进行整合与发展。

华为一直在给运营商做管道，有自身技术优势；另一方面华为看准了未来数据流量的爆发，这两点促使了任正非关注管道业务。同时历史也很好地给华为上了一课，在iPhone之前大家没有觉得3G重要，而现在大家发

> > **华为精神**
　　通信巨头高效成长的文化密码

现 4G 都不够用,另一方面是时下趋势,万物互联,可穿戴设备增多,视频清晰度与网速体验要求,企业进一步要求将它的 ICT 转化成生产力,要求云化从而降低成本和使网络更敏捷,以及计算能力的提高,这些都意味着未来的数据流量会非常大。

如果对比一下现在,手机要在 wifi 下看视频,可穿戴设备和车联网功能弱得可怜,企业还在用自己的数据中心和服务器,并且企业都没有充分收集自己产品的数据从而达到产品订制化,就更能说明未来的通信管道确实有可能要求很粗,消费者和企业都需要更大的管道。另外,企业为了满足它自身业务需要,可能会对管道有特别的要求,并且这个管道最终可能也要能连到更大的管道上(混合云趋势)。

在这个趋势下,华为也是坚持在应用上被集成,于是我们看到华为与中国石油天然气集团公司合作的数据库以及与深圳广电合作的制作平台等。这里的两个例子都是私有云,是企业自己拥有的,但从前面云的原理来看,规模越大越有经济效益,公有云就是这个意思。

现在世界公有云业务中亚马逊占三分之一,微软、谷歌、IBM、prespes 加起来占三分之一,而华为也要进入,它在 2016 年 2 月与德电合作项目落地,为其提供公有云基础设施。可以看到,从规模效应看来,公有云和混合云是未来发展的方向(制约其发展的是数据量和安全),华为现在也形成了公私两端布局向混合云推进的战略。

在目前这个阶段,企业可能没有那么多数据需要用到云,但是它依然需要通信网络和数字化来进行管理,这些是非常基础的需求,因此在未来它们是云服务的潜在客户。华为企业业务有三条产品线卖给它们网络产品线(以太交换机,路由器)IT 产品线(存储,服务器)UC&C 产品线(视频会议，eLTE）。因为企业需求种类繁多，华为使用分销渠道去做，将一些安装交付方便的标准化设备通过分销体系给到最终客户，这利用了这些分销商对客户的了解。

数字让生活更美好。提到公有云，华为的公有云是与运营商合作来进入公有云业务的，但华为的运营商业务不仅仅在建云，它还在 4.5G 和 5G 上与运营商合作，加强移动宽带建设，并且在一些特殊要求的场合，比如说体育馆建设符合高密度接入要求的网络，同时它也在强调帮助运营商的虚拟化转型。另外华为还研发窄带物联网技术，支持未来的设备入网，而这些也都属于华为公司的管道业务。

第二章

华为的军规
制度为文化护航

华为的企业文化就是华为人的精神,而华为人的精神核心部分就是艰苦奋斗、实事求是。任正非十分重视华为的企业文化建设,他自己不断地传播、修正华为的企业文化,并感召所有的华为人统一思想。

第二章
华为的军规：制度为文化护航

华为文化：艰苦奋斗，实事求是

> 华为文化是什么？华为文化什么也不是，五千年的中国文化同样没有具体到什么，你的外婆也许一个字都不识，但却天天在向你灌输中华文化。文化不是东西，但它却处处都在。
>
> ——任正非

美国著名管理专家托马斯·彼得斯和小罗伯特·沃特曼研究了美国43家优秀公司的成功因素，发现它们成功的背后都有自己不同的管理风格，而决定这些管理风格的恰恰就是它们各自的企业文化。

有人曾问任正非，华为的文化是什么？任正非说："华为文化什么也不是，五千年的中国文化同样没有具体到什么，你的外婆也许一个字都不识，但却天天在向你灌输中华文化。文化不是东西，但它却处处都在。"

华为的企业文化就是华为人的精神，而华为人的精神核心部分就是艰苦奋斗、实事求是。任正非十分重视华为的企业文化建设，他自己不断地传播、修正华为的企业文化，并感召所有的华为人统一思想。

可以说大量的高科技人才和产品输出造就了华为的身躯，而丰富的文化企业文化内涵则赋予了华为灵魂。华为能一步步走到今天，收获如此的

>> **华为精神**
通信巨头高效成长的文化密码

成功,跟其先进、科学的企业文化是分不开的,与其说是华为创造了企业文化,倒不如说是企业文化成就了华为。

文化更深层次的意义就是管理,是管理的一种高级形式,任正非曾说:"华为文化的特征就是服务文化,因为服务才能换来商业利益。一切工业产品都是人类智慧创造的。资源是会枯竭的,唯有文化才会生生不息。"

华为作为中国最成功的民营企业,其营业额早已步入世界500强的行列,成为真正意义上的世界级企业。华为之所以在短时间内能够成为中国民营企业的标杆,不仅是因为它在创业10年左右的时间里就将资产扩张了1000余倍,也不仅是因为它在技术上从最初的模仿到一步一步跟进潮流再到如今处于的领先地位,更重要的是华为与国际接轨的管理模式,华为的管理优化成功是得力于任正非对企业文化的重视。

任正非在《致新员工书》中写道:"华为的企业文化是建立在国家优良传统文化基础上的企业文化,这个企业文化黏合全体员工团结合作,走群体奋斗的道路。有了这个平台,你的聪明才智方能很好地发挥,并有所成就。没有责任心,不善于合作,不能群体奋斗的人,等于丧失了华为进步的机会。华为非常厌恶的是个人英雄主义,主张的是团队作战,胜则举杯相庆,败则拼死相救。"

任正非一直试图将模糊的企业文化变成制度性的章程,说到这里就不得不提到《华为公司基本法》。

在华为成立最初的10年里,我们看到的是它取得的辉煌成绩,从一个最初创业资产只有2万元、成员7人,在短短10年时间里发展壮大成一个拥有员工9000余人、年销售收入近百亿的超大企业。

就在所有人都对华为所取得的骄人成绩不绝于耳的时候,危机意识强

第二章
华为的军规：制度为文化护航

烈的任正非就清晰地意识到，此时的华为内部却暗藏诸多的问题和矛盾，已经陷入了管理混乱不规范的局面，这个时候迫切地需要一种规范化、制度化的管理方法来支撑这个庞大的企业，以保证能够应对国际上的各种对手和危机，于是《华为公司基本法》应运而生。

《华为公司基本法》的创新之处就在于将企业高层的思维转化为大家能够看得见、摸得着的东西，使彼此之间达成共识，实现了企业文化向企业制度的转变过程。有了制度化的文化，企业的一切行动才得以有了参考衡量的标准，有了规范的指导，这使得华为在后来的一系列重大决策中，保证了华为在战略上的专注与执着，抓住了一次又一次机会，得以高速成长，最终成为世界领先企业。

《华为公司基本法》真正意义上实现了权力智慧化，保证了企业在一定时间内大家可以达成共识，减少内部交易的成本，确立企业的发展方向。

>> **华为精神**
　　通信巨头高效成长的文化密码

华为基本法：用制度来激活创造

公司要真真实实走向科学管理，需要很长时间，我们需要扎扎实实建设好一个大平台。你们是否听过，2002年华为快要崩溃的时候，我们的主题还是抓管理，外界都嘲笑我们。现在社会大辩论，也说华为在这个时代必死无疑，因为华为没有创新了，华为的危险就是抓管理。但我认为，无论经济可以发展多么好，不管高铁可以多么快，如果没有管理，豆腐渣是要垮掉的，高铁是会翻到太平洋的。

——任正非2014年在董事赋能研讨会上与候选专职董事交流讲话

美国著名作家西奥多·H.怀特在他去世之前的未完之作《美国的观念》中写道："美国是一个由观念产生的国家；不是这地方，而是这观念，缔造了美国政府。"而这一观念，就是《独立宣言》中的下述原则："我们认为下述真理是不言而喻的：人人生而平等，造物主赋予他们若干不可让与的权利，其中包括生存权、自由权和追求幸福的权利。"两百多年来，这一观念支持了美国的持续繁荣和强盛。

类似的现象，我们在企业界也可以观察到，作为美国20世纪90年代

第二章
华为的军规：制度为文化护航

十大公司中硕果仅存的通用电气公司，其使命与核心理念凝缩为七个字：无界限、快速、远大。其他像著名的英特尔公司、惠普公司、波音公司和IBM公司等，都有明确阐述的核心价值观，并且说到做到。可以说，是杰出的思想造就了杰出的公司。

1978年党的十一届三中全会改变了中国企业发展的轨迹。然而，刚刚获得新生的中国企业，在进入90年代后，又面临世界性的知识经济的挑战。中国企业能否抓住发展的机遇，靠什么迎接挑战和压力？靠信念和管理。但什么是支持中国企业后来居上、走向成功的信念？什么是具有中国特色的企业管理模式？

中国的企业尚处于混沌之中。五千年中华文化的底蕴，一百多年洋务运动和工业化的历史，二十年改革开放的探索，应当说，未来企业应有的秩序已经蕴含在中国企业的实践之中了，但它尚未被清晰地、系统地表达出来。

华为成立于1987年，当时创业资产2万元，成员7人。1998年，华为已经发展成拥有员工900余名、年销售额近百亿的大企业。而到了2018年，华为已经发展到了18万名员工，年销售额超7212亿元，其发展速度令人惊叹。在如此高速发展的背面是不断萌发的各种矛盾和问题，其中最大的一个问题就是管理的不规范化。

起初的华为在遇到困难时，总是企图用单纯的一个个会议来解决问题，虽然这种"见招拆招"的方式也帮助华为化解了多次危机，但不得不承认这种"原始"的企业战略战术，并没有随着华为规模的膨胀而同步丰满起来，这带来的直接后果就是华为团队的思维方式和行为方式得不到提升，随着"盘子"越来越大，反而增加了团队的迷茫、迟疑和不安全感。

>> **华为精神**
通信巨头高效成长的文化密码

华为的营销体系是典型的自建网络营销体系，它的优势就在于贴近终端，反应速度快，能够快速为用户提供有效的服务。但是到了1994年随着C&C08的研发成功，华为采取了人海战术，大规模进入农村市场，销售人员急剧增加，公司员工从1992年的100多人，迅速增加到了700多人。随着网络的扩张，营销网络与人员的管理变得日益复杂。

怎样对营销人员的业绩进行考评并做出相应的激励，成为当时迫切需要解决的问题。在当时的企业，包括到现在很多企业对销售人员采取的激励方式是通过"提成"来实现的。

但是，华为则认为，对于销售人员来说，提成是一种"刺激"方式，可以有效地刺激他增加短期收益的积极性，但从长远来看却无法让其和客户形成稳定的关系，而华为恰好看重的就是普遍客户关系和长期客户关系，所以华为明确规定不给销售人员提成。不给提成，那又如何形成激励呢？

为适应公司大发展的要求，华为在1995年成立了工资改革小组，开始重新设计公司的工资分配方案。设计小组碰到了难题：工资确定的依据是什么？依据绩效、职位，还是能力？要不要考虑资历？创业时期，公司规模还小，那时每个员工的工资和股票都是由任正非来定的，任正非掌握着评价的尺度。现在公司大了，任正非要给不认识的员工签发工资单。过去是钱怎么挣困扰华为的管理者，现在令管理者挠头的是，钱怎么发？人怎么评价？

1995年初，华为紧跟潮流，开始在全公司范围内大规模推行ISO9001标准，使公司的业务流程规范化，全面提高公司的运作效率和顾客满意度。但在重整后的业务流程体系中，各个部门和岗位的职责与权限如何定位？一切按流程操作会不会导致组织的僵化？这又成了问题。

第二章
华为的军规：制度为文化护航

这一年 9 月，华为公司发起了"华为兴亡，我的责任"的企业文化大讨论。到底企业文化是什么，它有什么用？谁也说不清楚。宣传部为了活跃企业文化的讨论，组织了几场辩论会，辩论下来人们才发现，任正非赞同的观点往往与多数人不同。如，任正非就曾批评"有福同享，有难同当"是封建意识。不少干部和员工很困惑，不知道任正非在想什么，任正非为什么要这样说。

任正非是一个思维敏捷、非常富有创新意识的人，经常会有一些突发性、创新性的观点提出。随着企业的不断扩张，人员规模扩大，企业高层与中基层接触的机会也越来越少，这使得各级之间的距离越来越远，高层领导无法了解下属的工作情况和想法，而员工更是猜不透领导的意图，这之间就形成了一条难以跨越的鸿沟。基层的人每天都想猜老板在想什么，甚至很多时候也听不懂老板的话，觉得老板就同在讲"鸟语"一般；而老板则觉得下面的人悟性太差，难以跟上他的节奏，两者越来越远。

双方的语言不通，缺乏有效的交流，这导致华为在高速成长的过程中，老板与员工之间对企业的未来、发展前途、价值观的理解出现了很大的偏差，无法达成共识。员工理解不了老板的意图而倍感困惑，领导感觉不被理解也十分痛苦，这让任正非意识到在这两者之间必须建立共同的语言系统与沟通渠道。

1996 年 1 月，每年一度的市场部主管整训活动，在市场部所有正职干部集体辞职的高潮中落下了帷幕。为了迎接 1996 和 1997 两年市场的大决战，市场部全体正职干部愿意接受公司的挑选，表现出高昂的士气和开阔的胸襟。市场部集体辞职壮举，提出了一些公司发展中的根本性问题——干部不适应企业发展要求了怎么办？有功的老员工落后了怎么办？怎么使

>> **华为精神**
通信巨头高效成长的文化密码

优秀的新员工脱颖而出？怎么使干部能上能下制度化？

这些种种迹象表明，当时的华为已经陷入了企业的"混沌"当中，在各种层出不穷矛盾的裹挟下，艰难前行。显然这个时候的华为迫切需要一个纲领性的文件，理清公司组织建设、管理制度化建设和文化建设的思路。这个纲领性的文件是什么，任正非称它为《华为公司的基本法》。

在2011年，任正非在其内部演讲《一江春水向东流》中对当时的情况进行了回顾：

到1997年后，公司内部的思想混乱，主义林立，各路诸侯都显示出他们的实力，公司往何处去，不得要领。我请人民大学的教授们，一起讨论一个"基本法"，用于集合一下大家发散的思维，几上几下的讨论，不知不觉中"春秋战国"就无声无息了，人大的教授厉害，怎么就统一了大家的认识了呢？从此，开始形成了所谓的华为企业文化，说这个文化有多好，多厉害，不是我创造的，而是全体员工悟出来的。

我那时最多是一个甩手掌柜，变成了一个文化教员。业界老说我神秘、伟大，其实我知道我自己，名实不符。我不是为了抬高自己，而隐起来，而是害怕而低调的。真正聪明的是十三万员工，以及客户的宽容与牵引，我只不过是用利益分享的方式，将他们的才智黏合起来。

纵观中国自洋务运动以来，一百多年的工业化历程，还没有产生一个世界级的领先企业。这一百多年中我们引进了无数西方企业的管理思想和方法，走了无数弯路，却始终没有形成一套具有中国特色的先进管理体系。我国的企业就像是一块试验田，在这块田里，什么世界上先进的管理思想和方法都试过了。美国的泰勒制，德国的精益生产，日本的准时生产……

第二章

华为的军规：制度为文化护航

都试过了。结果我们自己的庄稼长得怎么样呢？又细又矮。看来，种子、土壤、空气、水分怎么调配，还得靠我们自己去摸索创造。

在经历了十几年的改革开放后，在即将跨入新世纪的前夕，中国企业在管理领域有没有可能实现历史性的突破？

科学管理体系。现阶段中国企业应当建立什么样的科学管理体系？中国企业要不要补科学管理这一课？企业管理能不能跨越发展阶段？

当我国的大多数企业还困扰在以上问题上时，世界已经开始进入知识经济时代。技术创新周期大大缩短，产品更新换代越来越快，依托信息技术支撑的国际营销网络、制造网络、服务网络、创新网络，大有将中国企业一网打尽之势。知识经济留给中国企业的时间不多了。信息产品市场和信息服务市场的完全开放已经进入倒计时。

中国企业该何去何从？

是否已经从过去的失误中真正吸取了教训？

能不能走出混沌？又是如何走出混沌？

中国的企业管理走出混沌首先从改变初始条件入手，在原有的体制上造成一些本质差异，然后不断实践它、强化它、放大它，最终形成完全不同的体制。

这就是华为之路。华为公司基本法就是要将这条新的轨迹和它的去向清晰地描述出来。

任正非在1996年初提出华为要搞一个东西，一个能够对华为公司的发展历程进行系统的总结与提炼，能够找出一些普遍性、规律性的东西出来。当时这个艰巨的任务落在了时任总裁办公室主任陈小东的肩上。这个东西

>> **华为精神**
通信巨头高效成长的文化密码

到底该是什么样子的？当时的陈小东也是一头雾水，只能硬着头皮接下了任务。

按总裁办公室工作的习惯思路，陈小东认为，把华为公司这些年来发布的内部管理条例和制度加以汇总，重新分类，终止过时的制度，补充缺少的制度，形成体系，这大概就是基本法吧。

两个月过后，当陈小东把精心整理出的华为公司管理制度汇编送给任正非审阅时，任正非批评道："你还不理解我为什么要这样做。"陈小东找到公司的管理顾问、中国人民大学劳动人事学院教授彭剑锋，与他探讨基本法究竟是什么。用彭剑锋的话来说，把管理制度汇编一下，不过是多了几个文件柜，任总要的不是这个，他要的是指导华为公司未来发展的管理大纲。但管理大纲又是什么呢？

1996年3月，由彭剑锋、黄卫伟、包政、吴春波、杨杜、孙健敏等人大教授组成了华为管理大纲起草小组。首稿由包政执笔，后来包政去日本进修，改由黄卫伟教授主笔。起草小组一成立就驻扎在华为公司，与华为人一起研究起草管理大纲。当时，正值《香港基本法》起草，任正非受此启发，就建议将华为管理大纲改名为《华为公司基本法》。

起草小组在一开始讨论《华为公司基本法》结构的时候，就产生了不同的意见。包政提出《华为公司基本法》要解决企业生存和发展的三个基本命题：

首先是企业的前途问题——华为要走向何方？未来的华为要成为一个什么样的企业？其次是必须解决华为的管理效率问题，关于效率华为应该建立什么样的内部规则体系，避免因快速扩张而导致管理上的失控；第三，员工的成就感，通过确立什么样的文化理念与人力资源政策，让员工对企

第二章
华为的军规：制度为文化护航

业有文化认同，具有成就感。

彭剑锋教授提出，华为发展到现在面临二次创业，要重新思考企业在二次创业中所面临的基本矛盾与危机，以及处理内外矛盾关系的游戏规则，也就是核心价值体系的问题。

而黄卫伟教授则指出：《华为公司基本法》要解决企业成长过程中的三个基本问题：华为为什么能够取得如此成功？华为过去成功的关键所在？在新的环境下，华为又将面临哪些危机与挑战？在过去的经验中哪些可以继续为华为保驾护航，哪些又将阻碍华为的发展必须予以摒弃？华为未来成功将依靠什么？

任正非针对专家们的意见，提出《华为公司基本法》要制定企业处理内外矛盾关系的基本法则，要确立明确的企业共同语言系统，即核心价值观，以及指导华为未来成长与发展的基本经营政策与管理规则。

《华为公司基本法》起草团队的办公室就设在任正非办公室的隔壁，任正非只要一有时间，就过来和他们一起进行讨论，逐字逐句地推敲，每个月，华为的高层都会牺牲两个周末的上午休息时间来参与讨论。有的时候甚至会停产停工，全公司的员工一起开会进行讨论，可见任正非对《华为公司基本法》的重视。

《华为公司基本法》的起草是一个十分漫长而又艰难的过程。从1995年开始筹备到成稿历经3年，八易其稿。而在这3年里，华为经历了从一个800多人的企业壮大到近2万人的高速发展过程。《华为公司基本法》最终定稿分6章103条，共计16400字。

《华为公司基本法》的出台在中国企业界产生了极大的震动，很多企业对《华为公司基本法》非常推崇，都希望自己的公司也能出台一套类似的

>> **华为精神**
通信巨头高效成长的文化密码

制度来建设自己的企业文化。

华为从制定《华为公司基本法》的过程中学到的，甚至比《华为公司基本法》本身更多，因为它实际上是一个任正非与其他华为高层充分沟通并达成共识的过程，而这个共识确保了它的现实性和可执行性。

起草者之一吴春波教授曾评价：直到《华为公司基本法》成稿，华为才真正地从懵懂和亢奋中清醒过来。3年期间，不断修改，这是一个灌输、认同和信仰的过程。

另一位起草人，中国人大教授杨杜认为《华为公司基本法》具有阶段性的意义，它是飞速成长的中国企业代表对于自身的生存和发展的一次系统的思考。对华为而言，这不仅仅是103条16400字，它是华为成长的见证，它将高层的思维真正转化为大家看得见、摸得着的东西，使彼此之间能够达成共识，这是一个权力智慧化的过程。

许多人在看《华为公司基本法》时都有一种超前的感觉，这是因为他没有联系起来看华为的过去和未来。《华为公司基本法》的许多说法都不是臆造出来的，它们都是对过去的总结。从现在来看，《华为公司基本法》的许多内容正在或者已经在被华为实践了。

《华为公司基本法》是华为历史的另一条主线——华为思想发展史，华为通过它重新激活了散布在其各个历史阶段的思想片段，去伪存真，由表及里，由此及彼，使之逻辑化，并形成机制，为未来创造动力和约束。它总结、提升了华为成功的管理经验和企业文化，确定了华为"二次创业"的观念、方针、战略和基本政策，构建了公司未来的发展框架。《华为公司基本法》通过书面的形式，将华为的企业文化、核心价值观用制度的方式进行了呈现，形成了文化与制度间的良性互动，保证了企业文化落地执行。

第二章
华为的军规：制度为文化护航

轮值CEO制

> 轮值并不是新鲜事，在社会变动并不剧烈的时代，也曾有皇帝执政几十年，开创了一段太平盛世，唐、宋、明、清都曾有过这段辉煌，他们的轮值时间是几十年，几十年后又换一位皇帝。曾经的传统产业也是七八年换一次CEO，照样也稳坐一阵江山。
>
> ——任正非《轮值制度辩》

一个企业的强大离不开一个得力的团队，而管理好团队，让团队充分地发挥其能力则是企业变得强大的必要因素。华为发展到今天成为世界第三大手机制造商，这与它独特的经营管理团队的方式有着密切的关系。

其独特的经营管理团队（EMT，Executive Management Team）轮值制度一出来就在管理界掀起了热烈的讨论：对于华为这样一家超大型企业，CEO轮值制度会不会成功，都有哪些利弊，为什么会出现这样的制度，甚至轮值CEO还是不是真正意义上的CEO……

轮值CEO制，这在全球众多知名企业的治理模式中也难得一见，面对诸多的猜测甚至质疑，任正非说："不成功则为后人探路，我们也无愧无悔。我们不要百般地挑剔轮值CEO制度，宽容是他们成功的力量。"

>> **华为精神**
通信巨头高效成长的文化密码

2002年,华为的年销售收入达到了160亿,员工数量也已经突破2万,但任正非的个人作用依然十分强大。华为延续着高度集权的管理模式,任正非身兼事实董事长和CEO,所有战略与经营重大决策基本上都是任正非一人决断。即便有明确的董事会章程和经营决策的EMT会议规程,也往往是形式大于内容,表决的时候,与任正非一致的自然通过,与任正非不一致的话,以任正非的意见为准。

《华为公司基本法》第53条中"决策的原则是,从贤不从众"的表述尤其耐人寻味,高管心里清楚:贤者,任正非也。

在讨论华为是否进入小灵通市场时,几乎所有高管都建议以委托代工方式快速介入。理由也相当充分,小灵通虽然是典型的机会市场,生命周期有限,但如果华为自动放弃的话,会让UT和中兴这两大竞争对手轻而易举地赚个盆满钵满。竞争对手在强化与中国电信(微博)客户关系的同时,通过加大产品开发的投入将缩小与华为在3G等核心产品上的差距,但提案却屡次被任正非否决。两年之后任正非猛然醒悟过来,才抓住了小灵通生命周期中的尾巴。

也正是2002年,华为出现了历史上第一次负增长,外部环境因素非常清楚,但内部原因则与权系一身的高风险决策模式直接相关。当年对国内光传输市场的预测,高层集体与任正非产生了重大分歧,而后来的事实证明:任正非犯了经验主义、主观主义的错误,对市场盲目乐观,最终导致公司销售目标不断大幅下调,员工士气极其低落。

随着华为国际化的规模扩张和全球市场地位的提升,战略能见度变得越来越低,依靠领导者个人能力判断中国市场尚且失准,预测国际市场更是难上加难。

第二章
华为的军规：制度为文化护航

于是任正非开始意识到：效率很高但风险巨大的个人决策模式必须改变，否则将危及公司的生命安全。与此同时，接班人问题也无法回避地摆在了当时已经 58 岁的任正非面前。

当时华为的高管团队，已经形成了依赖"英明领袖"的惯性思维，很少思考战略方向的选择与战略机会的把握，只扮演坚定不移的执行者角色。

华为超强的执行力有目共睹，但管理者一旦离开华为出去创业，则面临九死一生的风险。事实证明，一人决策、万人执行的高度集权模式，是一把锋利无比的双刃剑。任正非清楚：从个人英雄向民主集中制决策模式的成功变革，离不开兼具战略思维与执行力的接班人梯队。

任正非本人具有超强的学习和纠错能力。在确定决策模式转变与领导人培养二者合一的目标之后，接下来就是确定方案并执行。为了规避风险，华为采取的是逐步放权、稳步培养的渐进模式。2004 年开始，先从 COO 首席运营官开始轮，涉及战略性的重大决策，依然由 CEO 任正非或其代理人孙亚芳董事长负责，而将运营管理的决策交由 COO 负责。华为当时 1+6 人的 EMT（执行管理团队）中，任正非之外的其他六名 EMT 成员轮流担任 COO，任正非负责把守最后一道关隘，同时充当了扶上马、送一程的教练角色。

经过七八年的试验，在轮值 COO 制度成熟之后，从 2011 年开始实行目前的轮值 CEO 制，任正非也逐渐开始脱离管理团队，专注于董事会层面的决策管理。其目的就是通过这种"在岗培养＋在岗选拔"的方式，为"后任正非时代"做准备。

目前，华为采取的是"能进能出"的候选人机制，任何人都不可能是轮值 CEO 的钦定人选，董事会制定相关轮值制度，并根据明确的任职资格

>> **华为精神**
通信巨头高效成长的文化密码

标准对CEO候选人（EMT成员）进行评估选拔，定期对其履职情况进行考核评价，并根据评价结果进行人事调整。

"过去的传统是授权给一个人，因此公司命运就系在了这一个人身上。成也萧何，败也萧何。非常多的历史也证明了这是有更大的风险。"任正非说。群体奋斗的意识，要比将公司的成功系于一个人、败也归咎在一个人身上要好得多。轮值制度的好处就恰好是："每个轮值CEO在轮值期间都奋力地拉车，牵引公司前进。其中一个走偏了，下一个轮值CEO也会及时地去纠正方向，避免问题长期积累得不到解决。作为轮值CEO，他们不只是关注内部的建设和运作，同时要放眼外部，放眼世界，要自己适应外部环境的运作，趋利避害。"

通过轮值制度锻炼管理团队人员，对轮值人员的决策具有一定制衡作用，能够平衡全局利益，决策会考虑更全面；有利于公司各项政策的推行和贯彻。

通过EMT轮值制度，促进了管理团队人员能力提升，促进了后备人才能力培养，降低了部门间沟通成本，提高了跨部门团队协调能力。

二级BG（产品商业群）的总裁任职本单位EMT的主任，推进本单位的经营管理团队轮值；到目前为止二级BG的轮值制度还在运行，对于锻炼中层干部很有作用，形成全员接班制度，人员流动顺利，各岗位后备人才充足，不会因为人员流失对组织造成影响。

轮值制度在企业管理中是少有的创新管理机制，运营是否顺畅来自企业真正的控制者——任正非的管理能力，任正非对华为的控制不仅仅是管理权限，更有超强的精神影响力。

随着任正非本人年龄的增加和身体状况的变化，华为的接班人问题再一次摆在了面前。如果华为通过轮值制度找到合适的接班人，估计轮值制度也就可以结束，实现了它的历史价值，对华为、任正非而言实为幸事；对中国企业而言，这也是实业界对管理理论一大贡献。

即使华为没有找到合适接班人，正如任正非所说："不成功则为后人探路，我们也无愧无悔。我们不要百般地挑剔轮值CEO制度，宽容是他们成功的力量。"

>> **华为精神**
通信巨头高效成长的文化密码

干部八条：形成一个良好的内部场

> 当我们的管理者中有人利用职权谋取私利时，就说明我们公司的干部制度和管理出现了严重问题，如果只是就事论事，而不从制度上寻找根源，那我们距离死亡就已经不远了。
>
> ——任正非

王小波曾说过："人一切的痛苦，本质上都是对自己无能的愤怒。而人的无能，很大程度上是因为不够自律。"

2017年1月11日，华为召开干部工作作风宣誓大会，包括公司董事长孙亚芳，副董事长郭平、徐直军、胡厚崑、任正非，常务董事徐文伟、李杰、丁耘、孟晚舟以及监事会主席梁华等全体董事会、监事会成员在内，共同宣誓"干部八条"。而就在誓师大会前夕，华为内部刚刚通报了消费者终端业务6名前研发人员泄露内部资料被刑拘一事。这样看来，2017年，华为是以加强干部作风管理拉开了序幕。

2017年4月24日，任正非在华为道德遵从委员会（OEC）第二次代表大会上要求干部严格遵守"干部八条"，加强自律。这离干部工作作风宣誓大会刚刚过去100天。这一系列的动作被认为是任正非充满危机感的一次

第二章
华为的军规：制度为文化护航

重要警示。

华为"干部八条"是《华为公司改进作风的八条要求》的简称。相比较2015年版本，2017年版本对干部的作风问题提出更严厉的要求。

第一条：我绝不搞迎来送往，不给上级送礼，不当面赞扬上级，把精力放在为客户服务上。干部没有特权。在员工面前，干部应该有高度、有格局。作为干部，员工都在成就干部的事业和职业，所以，干部理应更加付出。

第二条：我绝不动用公司资源，也不能占用工作时间，为上级或其家属办私事。遇非办不可的特殊情况，应申报并由受益人支付相关费用。公私分明是干部的基本职业底线。干部都做不到廉洁奉公，整个企业就会腐烂。

第三条：我绝不说假话，不捂盖子，不评价不了解的情况，不传播不实之词，有意见直接与当事人沟通或报告上级，更不能侵犯他人隐私。干部要做正气、正直、正能量的人。树干不歪，树就能笔直生长。俗话说，上梁不正下梁歪，中梁不正倒下来。中层干部承上启下，任重道远。

第四条：我们认真阅读文件、理解指令。主管的责任是胜利，不是简单的服从。主管尽职尽责的标准是通过激发部属的积极性、主动性、创造性去获取胜利。干部做好自己是一种本分，带好团队、做出成绩、达成目标、改善绩效，才是真正的高价值。

第五条：我们反对官僚主义，反对不作为，反对发牢骚讲怪话。对矛盾不回避，对困难不躲闪，积极探索，努力作为，勇于担当。干部要有能力，更要有责任感，发现问题是一种能力，面对问题是一种担当，解决问题是一种勇气和智慧。不作为的懒官还不如有作为的贪官。

第六条：我们反对文山会海，反对繁文缛节。学会复杂问题简单化，六百字以内说清一个重大问题。管理复杂化是一门艺术，管理简单化是一种技术。管理本身要简单，经营计划要细化。不要将时间花在低价值的文字、会议上，追求高效才能实现低成本运营。

第七条：我绝不偷窃，绝不私费公报，绝不贪污受贿，绝不造假，我们也绝不允许我们当中任何人这样做，要爱护自身人格。从严治干，正本清源。干部要守住人格、职业操守的底线，做所有华为人的楷模和标杆。

第八条：我们绝不允许跟人、站队的不良行为在华为形成风气。个人应通过努力工作、创造价值去争取机会。干部应奉行劳动创造价值、价值决定命运的正确事业观，歪风邪气、拉帮结派，只会将团队的力量分解，而无法形成合力。

此次，任正非再提"干部八条"在华为内部社区掀起了一轮大讨论。

有员工直言，"干部八条"的层层落实，让华为从沾沾自喜的"问计对象""领导者"中醒过来，让整个队伍能够真正地把精力聚焦到为客户解决问题上来，而不是围绕自己的KPI讨价还价、不是做很多反向包装进行宣传吹嘘、不是把精力放在溜须拍马办公室政治上，让主管真正地聚焦到"胜利"上来，构筑简单、奋斗的氛围。

更有员工直接指出工作中"唯领导论"的现实困惑。"现实工作中，我们有多少同事敢于和主管在业务上据理力争？有多少同事看到了主管的倾向后还能坚持自己的立场？尤其对于一些体量尚小、还处在快速成长期的新业务（比如企业），有多少代表处的企业主管敢于和代表去理直气壮地勾

第二章
华为的军规：制度为文化护航

勒蓝图、展望未来并获取必要的资源？打铁还需自身硬，要么自己对业务的理解不够深刻，不敢大声说话，要么明哲保身，怕丢了饭碗。"

对于此次干部作风的"整风运动"，任正非认为，自律永远是管理的低成本，各级干部应把践行八条作为终生的座右铭，使流程管理更加简洁、及时、准确。"促进自律，完善他律"形成一个良好的内部场。

"制度不可能完善到无懈可击，流程只有与认真遵守的人相配合，才会取得较大的价值和贡献。如果流程过于复杂，沉重的内部体系运转不动，其实是管理高成本，客户不可能为我们自己的高成本买单，那么可能只会以失败告终。"

任何一个公司发展到足够壮大时，出现问题的往往都是在内部，在中基层干部的身上。华为公司深深地认识到这一点，提升所有干部的自律意识是保证企业内部健康运作的关键，这也是低成本管理的必要条件。

在任正非看来，现在华为"胜则举杯相庆，败则拼死相救"共同奋斗的文化正在淡化。华为正处于踌躇满志的历史阶段，如果不正确对待，可能面对崩溃的危险。内、外部环境的不确定性，风云多变幻，往往会是非成败转头空，这又不是没有过，因此不要认为繁荣是永恒的。

华为在前30年，以"获取分享制"为基础的物质文明，凭借激发每个人对物质、权力、荣耀的渴望，创造了辉煌的成绩。原因就是任正非不自私，他可以把自己"应得的"财富拿来激励华为的奋斗者，使绝大多数骨干脱离了贫困。

然而30年过去了，华为从一个追赶者、模仿者到了领先者，仿佛进入了一个无人区，华为在这个拐点上，继续依靠物质、荣誉这些，难以激发每个人深层次的潜能。在这个无人区，必须唤醒和激发大家深层次的自律

>> **华为精神**
  通信巨头高效成长的文化密码

性，用自律性去挑战自我，去牵引使命感、责任感，去驱动奉献和投入。

对于成功者来说，自律已经融入了血液和骨骼，成为身体和灵魂的一部分。他们在自律中超越自我、慢慢成就自我。

并不是说自律一定能带来成功，但是自律的过程一定会让你更加接近成功。能坚持下去的自律，都会成为蜕变的契机。

华为自创立起，就要求干部严以律己，自我批判，并提出要制度化地防止干部腐化、自私和得过且过。早在2005年，任正非就敏锐地觉察到华为最大的风险来自公司内部，必须保证干部的廉洁自律，并于2005年12月召开了EMT民主生活会，EMT成员共同认识到作为公司的领导核心，正人先正己，以身作则，严于律己，做全体员工的楷模。

2007年通过了《EMT团队宣言》，要求在此后的两年内从EMT团队成员到所有中高层，申报与清理所有与供应商的关联关系，以制度化宣言方式，对照检查、自查自纠，并接受全体员工的监督。2000年开始固化此形式，每年举办一次宣誓大会。通过自律宣言，使干部不想腐，也不敢腐，更不敢拉帮结派，独立山头。

近年来，国内企业内部反腐呈现愈演愈烈的态势。对于拥有数十万员工的华为来讲，反腐问题更是常抓不懈。2014年9月初，华为通告查实内部有116名员工涉嫌腐败，涉及69家经销商，其中4名员工已被移交司法处理。2017年1月17日，华为发布6份"内部反腐快报"，通报6名前华为员工因涉嫌侵犯知识产权，已被检察机关依法批准逮捕。

任正非曾严辞指出，在华为的前进中，能够阻止华为的，就是内部腐败，必须保持干部队伍的廉洁自律。当高层选拔管理者中有人利用职权谋取私利时，就说明公司的干部制度和管理出现了严重问题，如果只是就事

第二章
华为的军规：制度为文化护航

论事，而不从制度上寻找根源，那距离死亡就不远了。

针对腐败问题，任正非曾在华为的监管体系座谈会上强调，公司不因为腐败而不发展，也不因为发展而宽容腐败。公司发展得越快，管理覆盖就越不足，暂时的漏洞也会越多，因此，华为设置了内部控制的三层防线：

第一层防线，业务主管/流程owner，是内控的第一责任人，在流程中建立内控意识和能力，不仅要做到流程的环节遵从，还要做到流程的实质遵从。业务主管必须具备两个能力，一个能力是创造价值，另一个能力就是做好内控。

第二层防线，内控及风险监管的行业部门，针对跨流程、跨领域的高风险事项进行拉通管理，既要负责方法论的建设及推广，也做好各个层级的赋能。

第三层防线，内部审计部是司法部队，通过独立评估和事后调查建立冷威慑。审计抓住一个缝子，不依不饶地深查到底，旁边碰到有大问题也暂时不管，沿着这个小问题把风险查清、查透。

任正非指出：一方面，用正向分配引导大家不要犯错；另一方面，用冷威慑来控制公司不要出现大问题。这样一边前进，一边就完成了对自己的整改。从混乱走向有序，需要时间，需要过程，但是只要内部建立制度化的规范并配合强有力的监督，将推动华为整个团队的民主透明，有力地铲除组织中的"毒瘤"，净化企业风气，保证华为在健康的道路上持续奋斗。

>> **华为精神**
通信巨头高效成长的文化密码

十六条军规:"知识分子+军人能量"的聚合

> 自我批判是思想、品德、素质、技能创新的优良工具。我们一定要推行以自我批判为中心的组织改造和优化活动。自我批判不是为批判而批判,也不是为全面否定而批判,而是为优化和建设而批判。
>
> ——任正非

华为的核心经营理念是聚焦、创新、稳健、和谐,发展战略在于面向客户,内部管理核心在于运用团队的力量。无论内外部的焦点都离不开人。

《华为公司基本法》起草人之一的彭剑锋教授称,华为的成功,不是偶然的,华为的成功是"知识分子+军人能量"聚合的成功,是以知识型员工为主体的特别能担当、特别能战斗的华为人的成功,是始终充满激情和斗志的73岁任正非及其领导团队的成功!

华为是一个拥有18万员工的大企业,产业遍布世界各地,如何管好华为的员工,这是一个大工程。任正非不但是一个成功的企业家,IT界的英才,更是一个真正的商业思想家。

任正非43岁才开始创业,公司创立启动资金仅仅是集资来的21000元。

第二章
华为的军规：制度为文化护航

不惑之年始见春，一手把"山寨公司"变成了震惊世界的"科技王国"，同时创立了开中国企业先河的企业治理大法。他靠的不单单是过硬的技术、极具预见性的市场判断，更是依靠对企业优秀的内部管理。他深知人的重要，要管好这么大的企业，就必须把人心抓住，怎么做对华为最有利，他就会去做，他愿意动用集体的力量去解决问题。

华为的团队建设是成功的，走入大家视线的，不单是华为的产品，同样也有华为的管理。任正非曾在与尼泊尔员工座谈，说自己也严格执行公司规定，只能乘坐商务舱，如果坐头等舱，机票差价他也要自己支付，一个公司的总裁尚可如此，可想而知华为对于制度的执行是多么严格。

再看这"华为军规十六条"，原型是华为公司改进作风的八条要求，在发布以后，华为的员工在华为心声社区中改造成清晰易记的十六条，字数减少了近一倍，最重要的这凝聚了全体员工的智慧。这十六句真言总结成一句话就是爱岗敬业、团结协作、依法合规，这体现了一个合格员工应当具备的职业素养，是最核心的员工价值观。"十六条军规"强化合规管理，团结合作，为企业蓬勃发展贡献自己的力量。

1. 永远不要低估比你努力的人，因为你很快就需要追赶他（她）了。
2. 如果你的声音没人重视，那是因为你离客户不够近。
3. 最简单的是讲真话，最难的也是。
4. 你越试图掩盖问题，就越暴露你是问题。
5. 造假比诚实更辛苦，你永远需要用新的造假来掩盖上一个造假。
6. 公司机密跟你的灵魂永远是打包出卖的。
7. 从事第二职业的，请加倍努力，因为它将很快成为你唯一的职业。

8．在大数据时代，任何以权谋私、贪污腐败都会留下痕迹。

9．不要因为小圈子，而失去了大家庭！

10．如果你想跟人站队，请站在客户那队。

11．忙着站队的结果只能是掉队。

12．那个反对你的声音可能说出了成败的关键。

13．如果你觉得你主管错了，请你告诉他。

14．讨好领导的最好方式，就是把工作做好。

15．所有想要一夜暴富的人，最终都一贫如洗。

16．遵纪守法，磨好自己的豆腐，发好自己的豆芽。

——《华为十六条军规》

任正非说，自己对华为的产品创造贡献为"0"，因为在华为所创造的技术发明中，没有一项专利发明是他创造的。他一直把主要时间和精力放在人才管理方向，而人才管理正是公认的"华为能发展到今天的基础"。

无独有偶，中国近几年深受追捧的另外三家企业的大老板——阿里巴巴的马云、腾讯的马化腾和小米科技的雷军，也都是把自己的主要时间和精力放在了人才管理方向的。反观其他许多民营企业家，他们大多是营销或技术或生产方面的高人——他们的企业能够发展到今天，前期主要就是靠着他们在营销或技术或生产方面有着足够出彩的个人表现。但是，当他们的企业发展到一定规模以后，便碰到了瓶颈。很多民营企业发展的瓶颈主要集中在人才管理方面。

任正非创业时一无所有，为了吸引一大批知识型员工投身于华为的事业，任正非利用自己的人格魅力，给员工描绘了美好未来，不断"画饼"

第二章
华为的军规：制度为文化护航

吸引员工。另外，华为从一创立初始就十分重视知识资本的价值，构建了与员工共创、共享机制，使得追求个性化的知识型员工能抱团打天下。

光吸引人才还远远不够，关键是要留得住人才。任正非意识到华为没有资本、没有背景，要与世界巨头和国企拼市场、抢人才，唯一的出路就是大家一起做事业、共同打天下。

财聚人散，财散人聚，这是一个谁都知道的用人道理，但许多老板做不到，真到要给股权、让利给员工的时候，还是舍不得，而任正非做到了，他兑现了给员工画的"大饼"。在华为，员工卖力是为自己卖力，不是给任正非打工，因此，员工乐于为企业做奉献、勇于担当，不断创造高绩效的动力是内在而无穷的。

华为人力资源管理最具特色的是华为的价值创造、价值评价、价值分配三位一体的价值链管理系统，形成了"全力创造价值、科学评价价值、合理分配价值"的良性循环的价值管理机制，使好人不吃亏、坏人不得志，贡献者定当得到合理回报。

华为通过一整套科学的方法体系对岗位价值、胜任能力水平（任职资格）、劳动态度（文化价值观）、工作绩效等方面进行客观公正的评价，使得员工工资的确定（以岗位价值评价为主）、奖金的分配（依据绩效评价结果）、股权的获取（劳动态度评价、岗位价值与绩效评价）、职务的晋升（任职资格评价）都有客观依据，升官、发财，不是由老板说了算，也不是由各级管理者说了算，而是由这套评价体系说了算。知识型员工既感性又理性，容易惹麻烦、引争议，但也是最讲道理的。对知识型员工的管理，不能简单用官僚威权、拍脑袋决定，而是要基于数据、基于事实。在华为，有客观公正的评价体系，员工不用看领导眼色行事，也不用拍领导马屁，

>> **华为精神**
通信巨头高效成长的文化密码

只需不断提升能力，做好工作，创造高绩效，就可以多拿钱，快升职。

华为文化在本质上是"蓝血绩效文化"，即"一切让业绩说话"，强调业绩导向与执行，没有绩效就没有发言权，机会和资源向高绩效者倾斜。华为员工每年都要提出挑战性的绩效目标并对绩效目标做出郑重承诺。在操作层面上，华为的绩效管理上有两个制度值得关注：一是战略绩效解码体系，一是PBC个人绩效承诺体系。

战略绩效解码，亦称BEM（Business Strategy Execution Model）：业务战略执行力模型，BEM通过对战略逐层逻辑解码，导出可衡量和管理战略的KPI以及可执行的重点工作和改进项目，并采用系统有效的运营管理方法，确保战略目标达成。通过战略解码系统实现公司战略绩效目标的层层传递与执行，使每个员工的行为都统一于公司的战略绩效目标，为了公司战略目标的实现，任何人都不能懈怠，都要承担挑战性的绩效责任。

推行PBC个人业务绩效承诺体系，员工核心围绕"力争取胜、快速执行、团队精神"的价值观制定各自的"个人业务承诺"（PBC，Personal Business Commitment）。要求每个员工必须清楚公司部门的每个目标，抓住工作重点，发挥团队优势，并彻底执行。

奖金分配、薪资调整、职业生涯与绩效考核结果直接挂钩，如年终奖金发放是由公司业绩和个人业绩共同决定的。在计算个人业绩部分时，不同的PBC结果将按不同比例计算，这就使得公司的高绩效成长战略目标能层层落实，让员工有效执行。

华为从来不空谈艰苦奋斗，华为的薪酬分配机制使贡献者得到合理回报，决不让雷锋吃亏，只要员工创造了高绩效，就会有高回报。任正非不断给员工画的"大饼"，最后都变成了现实。华为通过建立客观公正的评价

第二章
华为的军规：制度为文化护航

体系使员工绩效转化成回报：高工资、高分红、高奖金。使员工真正去共创、共享公司的价值，从而驱动员工不断创造高绩效。所以，以奋斗者为本，持续艰苦奋斗，在华为不是一句空话。

有人把华为在"吸引人才、留住人才、让人才为企业创造价值、优胜劣汰"四个方面所采取的人才管理策略，比作桃子、绳子、鞭子和筛子。人才管理的核心问题，是首先要有可选择的人才。如果你对一位员工的能力不满意，但却没有可以替代的人选，也只能将就着使用他，否则工作就没有人做。这时，一切管理手段都要大打折扣，甚至你根本就不敢大胆地出台和使用人才管理手段。华为显然非常清楚这一点。因此，华为一直把人才招聘工作放在人才管理整体工作的优先位置。华为主要以招聘应届毕业生为主，然后让他们从基层一步一步往上发展。这样做最大的好处就是，应届生"一张白纸好写字"——这便于把华为的价值观装进员工的脑子里。

无论是有经验的人才，还是应届大学生，优秀人才凭什么愿意到你的企业任职呢？这是一个大问题，这也是许多民营企业招聘不到人才、因而人才管理工作一直十分被动的根本原因之所在。解决这个大问题，只有一个办法，就是要有吸引人才加盟的"桃子"。

在华为的人才管理经验中，你很少见到它在直接刻意地运用什么"绳子"捆绑人才。正如任正非在其演讲稿《华为的红旗到底能打多久》中这样说道："公司与员工在选择权利上是对等的，员工对公司的贡献是自愿的。自由雇佣制度促使每个员工都成为自强、自立、自尊的强者，从而保证公司具有持久的竞争力……由于双方的权利是对等的，对双方都起到了威慑作用，这更有利于矛盾的协调……企业和员工的交换是对等的，企业做不到的地方员工要理解，否则你可以不选择企业，若选择了企业就要好好干，

>> **华为精神**
通信巨头高效成长的文化密码

若不好好干,你随时都可以离开。"

但是,这并不意味着华为没有用"绳子"来"捆绑"。华为设计的人才管理机制,对于优秀的人才是明显具有"捆绑"效果的,主要体现在三个方面:

一是企业文化:这是最高明的人才捆绑策略,是精神的"捆绑"。

二是薪酬福利:它给优秀人才的暗示是,在华为工作,如果你能满足公司的要求,你就有可能获得在其他企业不能获得的金钱回报,这是物质利益的"捆绑"。

三是发展平台:在华为,员工不仅拥有自主选择工作的权利,而且拥有轮岗学习等众多的学习机会。而且华为为优秀人才在公司向上升迁提供了三条清晰的通道——管理、技术和项目,这对那些希望获得职业成功的员工来说是极具诱惑力的。

华为是一家善于运用"鞭子"来"抽打"员工的企业。"抽打"员工的目的有两个:一是让员工不断学习进步,二是让员工为企业创造更好的业绩;前者是迫使员工有工作意愿和工作能力,后者是迫使员工为企业(也是为自身)创造价值。华为用于"抽打"员工的"鞭子"主要有两条:

第一条"鞭子"是重视对人才的培养。有统计表明,华为员工参加培训的时间约占员工工作时间的7%。任正非引领的华为,是民营公司中为数不多的在人力资源培训开发方面倾注了大量热情和资金的公司。华为重视人才培养的逻辑说起来简单而明确:只有通过严格多样的培训,才能帮助人才建立足够的工作意愿和能力;只有员工有了足够的工作意愿和能力,才能为组织创造最大化的业绩;只有为组织创造了最大化的业绩,个人在组织中才能得到最大化的回报。

第二条"鞭子"是重视对人才的绩效管理。华为的绩效管理充分借鉴

第二章
华为的军规：制度为文化护航

了IBM的管理体系，但比IBM更加严苛。乍一看，这个过程与大多数企业绩效管理的通行套路并无根本区别。但是在华为，绩效几乎是任何一位员工能否在公司立足并获得发展的唯一依据，华为的"末位淘汰制"所基于的唯一标准就是绩效考核数据。

与众多的民营企业没有条件淘汰劣才相比，华为是敢于使用"筛子"来不断淘汰劣才的为数较少的公司。华为采取的是末位淘汰制。任正非在华为推行末位淘汰制，基本上遵循了美国通用电气的前CEO杰克·韦尔奇推崇的"活力曲线"——2-7-1法则。即：把20%的绩优员工定义为A类员工，把70%的业绩中等的员工定义为B类员工，把余下10%的业绩较差的员工定义为C类员工。"C类员工必须走人"。

任正非在华为推行末位淘汰制，也遭受到了来自各个方面的批评和质疑。但是，华为却一直坚持在这么做，并且也有条件这么做，因为它向员工提供的"桃子"足够大、足够多，它捆绑员工的"绳子"和抽打员工的"鞭子"足够有力，有许许多多的人才挤破脑袋想要到华为求得一席之地，这是其他大多数民营企业做不到的。

华为更强调员工的价值观的管理，更重视对员工愿景、价值观的引导以及行为的规范。华为不断通过企业文化价值观的整合与管理，形成制度化的条例和科学有效的评价体系，让每一个华为人都能充分发挥他们的潜力，让十几万华为人凝聚起来，朝着共同的目标努力奋斗。

>> **华为精神**
通信巨头高效成长的文化密码

华为向"蓝血十杰"学什么

> 我们要学习蓝血十杰对数据和事实的科学精神,学习他们从点滴做起建立现代企业管理体系大厦的职业精神,学习他们敬重市场法则在缜密的调查研究基础上进行决策的理性主义,使各部门、各岗位就其所承担的主要职责(业务管理、财务管理、人员管理)获得集成化的、高效的流程支持,而不是各类流程看似各自都实现了端到端打通,但到了真正使用流程的部门和岗位那里却是"九龙戏水",无法配合,效率低下。
>
> ——任正非在华为"蓝血十杰"颁奖大会讲话

第二次世界大战结束后,来自美国战时陆军航空队"统计管制处"的十位精英,被刚刚从老亨利·福特手中接过福特汽车公司控制权的亨利二世招致麾下,进入公司计划、财务、事业部、质量等关键业务和管理控制部门。从此,他们掀起了一场以数据分析、市场导向以及强调效率和管理控制为特征的管理变革,使得福特公司摆脱了老福特经验管理的禁锢,从低迷不振中重整旗鼓,扭亏为盈,再现当年的辉煌。这十位精英所抱持的对数字和事实的始终不渝的信仰,以及对效率和控制的推崇,使之获得了

第二章
华为的军规：制度为文化护航

"蓝血十杰"的称号，人们将他们称为"美国现代企业管理的奠基者"。

如今世界已经进入了互联网时代。互联网以其便捷的信息沟通和交流，以及海量的信息资源传送、呈现、挖掘和共享，正在颠覆书籍、报刊、音像、分销、零售、中介等行业的传统经营模式，并对物流、金融、医疗保健、教育等越来越多的行业造成巨大冲击。有一种流行的观点认为，在互联网时代，过去的工业时代科学管理的思想和方法已经过时了，现在需要的是创新，是想象力，是颠覆，是超越。真是这样吗？科学管理过时了吗？我们真的不再需要基于数据和事实的理性分析和精细管理了吗？

2014年6月16日，华为在坂田基地隆重举行"蓝血十杰"表彰大会。任正非、轮值CEO郭平、片联总裁李杰和产品解决方案总裁丁耘到会颁奖。"蓝血十杰"是华为管理体系建设的最高荣誉奖。通过对管理体系建设做出历史贡献的"蓝血十杰"的表彰，不仅要让华为人铭记"忘记历史就没有未来"，让更多优秀人才在"蓝血十杰"精神的感召下，努力建立一个严格、有序、简单的管理体系，支撑公司多打粮食，更要让华为在成为ICT行业真正领导者的路上实现超越，成为下一次技术革命浪潮的弄潮儿。

从历史角度看，蒸汽机和电力都曾在产业和社会生活中起过革命性的作用，技术革命不是颠覆而是极大地推动了社会和生产的进步。互联网也不例外，其本质作用在于用信息化改造实体经济，增强其优质、低成本和快速响应客户需求的能力。一句话，互联网可以提升实体经济的核心竞争力。

要回答互联网时代需要什么样的管理，首先要搞清楚"蓝血十杰"为现代企业管理贡献了什么，华为在向"蓝血十杰"学习什么？

"蓝血十杰"对现代企业管理的主要贡献可以概括为：基于数据和事实

的理性分析和科学管理，建立在计划和流程基础上的规范的管理控制系统，以及客户导向和力求简单的产品开发策略。

"蓝血十杰"在战时陆军航空队统计管制处的卓越表现，使他们养成了一种对数据和事实的信仰，他们把这种信仰和工作方法带到了福特汽车公司，从根本上改变了福特公司基于直觉和经验的管理模式。按照"蓝血十杰"的管理哲学，事实都是可以度量的，不能够度量的事情就不是事实，只是一种现象。他们要求从经销商的销售能力，到广告的效果，每一件事情都要有数据，每一个问题都要有一个数字作为答案。例如，品质就是一个必须用数字度量的事实，为此，"蓝血十杰"专门设计出一套品管系统来统计新车的瑕疵情形，并据此确立了一项标准：一部车如果瑕疵点数超过35点，就不应该出厂送到经销商手上，缺一个零组件等于20点。

事实上，基于数据和事实的理性分析和决策，本质上是一种批判性思维，这是一种客观的、公正的、态度谦逊的和不带成见的思维方式，而批判性思维恰恰是创造性思维的出发点。可见，科学管理与创新并非是对立的，二者遵循的是同样的思维规律。今天的互联网作为工具，可以使工业管理减少层级，简化管理，提供及时、准确、快捷的服务，使从铁到汽车，从出厂到生命后周期，更科学更合理。

当"蓝血十杰"最初接手福特公司的企划部门时，公司的管理可以说是一团紊乱。没有可以作为决策依据的资讯，没有明确的组织形态，在福特公司44年的历史中，从未有过账目稽核。而同城的竞争对手通用汽车公司，已经在总裁斯隆先生的领导下建立起了"分权经营，集中控制"的大公司的组织与管理控制体制。于是，"蓝血十杰"将全部身心投入到公司的改造中，他们建立了财务控制、预算编列、生产进度、组织图表、成本和

第二章
华为的军规：制度为文化护航

定价研究、经济分析和竞争力调查等，这些构成现代企业管理体系的基本要素。

他们扩展了主计长的职能，使之承担起从事计划、预测以及进行数量分析的职责。他们推动了公司利润中心的设立，建立了正确评价业务部门绩效和监控业务部门运作的标准。他们重新定义了财务部门的功能，将其重点从审计、会计、现金管理等传统领域，转向持续不断地评估公司的成本、价格和利润、经销与服务的效率，以及长期规划和重大资本投资的财务分析。

从技术角度讲，"蓝血十杰"在新产品开发方面是外行，通常认为他们对资产负债表要比产品蓝图在行，对生产单位成本比设计细节更加清楚。但这些技术外行所具有的理性思维品质，使他们对市场预估比对产品的奢华配置和发布会的炒作更感兴趣。

"蓝血十杰"主持开发的"猎鹰"牌小型轿车大获成功的案例，雄辩地说明了客户导向和力求简单的开发策略对于新产品的成功是多么重要。"猎鹰"的产品概念最初来自德国大众的"甲壳虫"轿车销售持续增长所引发的关注，一个直接的问题是：到底都是什么人在买甲壳虫轿车？市场调查的结果使那些持底特律固有成见的高管们大吃一惊，买甲壳虫车的不是所谓缺乏品味的低收入群体，而主要是律师、医生、大学教授。这意味着汽车产业中存在一个尚未开发的新市场。

在随后的 4 年中，"蓝血十杰"又让福特事业部的设计师们进行了 14 次市场调研，访问了成千上万的美国民众，向他们询问对汽车从气缸数目、车身长度、乘客人数到耗油量的意见。这样，福特公司不是凭直觉而是根据所得到的事实做出了新车的关键参数决策。结果"猎鹰"推出后一炮而

华为精神
通信巨头高效成长的文化密码

红,成为当年最畅销的车款。而与之形成鲜明对照的是号称"凝聚了底特律汽车人梦想"开发出的"艾德瑟"牌轿车,总共亏损了2.5亿美元,成为当时美国汽车产业有史以来最惨重的失败。

这就是华为今天还需要向"蓝血十杰"学习的原因。要学习他们对数据和事实近乎宗教崇拜的科学精神,学习他们从点滴做起、建立现代企业管理体系大厦的职业精神,学习他们敬重市场法则、在缜密的调查研究基础上进行决策的理性主义。

西方国家公司自科学管理运动以来,历经百年锤炼出的现代企业管理体系,凝聚了无数企业盛衰的经验教训,是人类智慧的结晶,是人类的宝贵财富。华为一直用谦虚的态度,下大力气,把它系统地学过来。只有建立起现代企业管理体系,华为的一切努力才能导向结果,大规模产品创新才能导向商业成功,经验和知识才得以积累和传承,华为才能真正实现站在巨人肩膀上的进步。

中国企业没有经过科学管理运动,企业的运营管理中习惯于依靠直觉和经验进行判断,决策的随意性很大,总愿意创新和尝试新事物、新概念,缺少踏踏实实、"板凳宁坐十年冷"的持续改进精神。因此面对不确定的未来,华为在管理上不是要超越,而是要补课,补上科学管理这一课。

从1998年起,华为投入数十亿美元,邀请IBM等多家世界著名顾问公司,先后开展了IT S&P、IPD、ISC、IFS和CRM等管理变革项目,在任正非制定的"削足适履","先僵化、后优化"方针指导下,经过十几年的持续努力,取得了显著的成效,基本上建立起了一个集中统一的管理平台和较完整的流程体系,支撑了公司进入了ICT领域的领先行列。

但是,管理变革和建立现代企业管理体系的艰巨性和复杂性远远超过

第二章
华为的军规：制度为文化护航

了他们当初的估计，而且随着公司全球业务的扩展和新的奋斗目标的提出，公司管理不断面临新的挑战。

一是跨领域、跨部门的端到端的主干流程的集成和结合部的贯通，仍是目前最大的短板。通过重新回顾公司在引进IT S&P、IPD、ISC、IFS和CRM等管理变革项目时顾问为华为设计的框架和导读，他们发现当时出于种种现实考虑而舍弃的一些重要模块，如：IPD的组合管理、产品配置包、配置器和市场管理；ISC中与服务、交付的集成和全球供应网络布局；CRM的高优先级能力框架和客户细分；IFS的机会点到现金业务全视角拉通、战略到执行的集成和责任中心定位；IT S&P关于华为未来业务模式的定位和演进等，正是目前管理体系中缺失的要素，应成为下一步管理变革的重点。华为要把公司级的管理变革进行到底。

二是公司运营管理与业界最佳实践还存在较大差距，已经成为制约公司市场竞争力提升的短板。IT与流程优化部通过与E公司的对标，针对从客户PO下达到生成订单，生产订单到备货完成，任何产品从订单到全球任意站点，软件从订单到软件加载，以及设备进站到验收的周期，提出了"五个一"目标。供应链和GTS根据任总的要求同时发起了"账实相符"管理变革项目。"五个一"以及"账实相符"目标的实现，涉及从产品配置简化、产品配置打通、业务场景分类和简化、全球供应网络布局优化、从销售要货到国家仓再到站点的计统调模式变革、交付上ERP、ISD变革等多个管理变革项目的集成，问题覆盖范围广，改善难度较大。

三是如何实现向以项目为中心的管理转型。公司的运作正在从以功能部门为主的运作方式，逐步向以项目为中心的运作方式转变，客户、研发、服务和变革项目将成为未来业务运作的主要形态。如何建立项目组合、项

>> **华为精神**
  通信巨头高效成长的文化密码

目群和项目的三级管理体系；如何通过GTS和供应链的早期介入拉通项目的端到端运作，实现真正意义上的项目经营；如何确定各类项目的责任中心定位并围绕定位合理授权；后方支撑平台如何响应来自项目的炮火呼唤，通过前方拉动、推拉结合，实现资源的高效配置，等等，都是需要深入研究和通过实践探索解决的管理难题。

四是简化管理问题已经提上日程。公司以客户需求为导向的经营方针，使得快速响应客户的个性化和多样化需求成为公司的差异化市场竞争优势。然而随着业务和组织规模的不断扩张，这种商业模式也使得经营管理日益复杂化。同时产品配置包复杂、配置器搞不好的老大难问题，又进一步加剧了管理的复杂性。要降低管理的复杂性，必须从需求和供给两个源头入手进行梳理。问题的两难困境在于，客户需求的个性化和多样化是客观趋势，必须在坚持满足客户个性化需求的商业模式的同时，降低管理的复杂性。

这要求加强对客户需求本质和业务场景的洞察、归纳、抽象和分类，通过模块化、标准化和引入产品配置包模式，改善产品配置管理，从而简化内部管理，降低内部交易成本，并尝试将个性化配置向供应中心和国家中心仓前移，以缩短产品从订单到站点的供应周期以及对站点交付和变更的响应周期，这是一项长期的任务。

解决上述复杂管理问题要靠现代管理体系的建设，管理体系建设的最终目标和衡量标准是提升一线组织的作战能力，多产粮食。管理变革将进入攻坚期。公司经营管理的复杂性使得仅靠主观努力和加大人力投入是无法根本改善的，这也是为什么华为今天还要向"蓝血十杰"学习的原因，要运用"蓝血十杰"奉行的基于数据和事实的科学管理方法，剖析问题的

第二章
华为的军规：制度为文化护航

根因，寻找系统的解决方案。

尽管互联网以及物联网正在渗透到社会生产和生活的方方面面，然而也应当看到，互联网虽然促进了信息的生产、交流、获取和共享，但没有改变事物的本质。在互联网时代，车子还是车子，内容还是内容，豆腐还是豆腐。同样，互联网也不可能使一家公司的管理实现跨越，科学管理还是基础，流程和规则可以简化，但不可以没有。

号称"梦想飞机"的波音787飞机投运后，可谓命运多舛，发生了锂电池自燃等事故，被美国联邦航空管理局责令停飞三个月。空客也没少走弯路，A380巨型客机的一个简单设计计算错误害得已完工一半的飞机拆掉了好几公里长的电线进行重装。

问题的原因是，德国分部与法国分部所使用的设计软件版本不同，加上发动机供应等其他失误，这场混乱导致A380的投产推迟了两年多。而且，2013年7月，搭载三颗"格洛纳斯-M"导航卫星的俄罗斯质子火箭在拜科努尔发射场升空不到一分钟后坠毁，后经查明事故原因是几个传感器被装反了。而这些，都与互联网无关。

华为又何尝没有陷入过如此的困境。华为的管理系统能否确保按期交付像空客A380这样复杂的系统，能否确保不发生像俄罗斯质子火箭那种悲剧？显然，还有很大的差距。但未来占领世界大数据流量的制高点恰恰需要华为建立这样的管理体系，而且还必须是商业化的，也就是不能不惜代价，还得赚钱。

在改进公司内部管理方面，互联网可以大有作为。首先，可以使产业链内部交易标准化、数据化的信息快速传递，并全流程透明；其次，通过信息互联加强内部的信息沟通和共享，推倒部门墙，简化内部运作、核算

>> **华为精神**
　　通信巨头高效成长的文化密码

和控制，降低交易成本；再者，运用大数据分析方法，充分挖掘和分析公司客户需求的大数据，加强客户洞察，与客户共同创造价值；分析内部运作的合同、订单、项目、配置、库存、物流的大数据，支持及时、准确、优质和低成本的交付；通过对人力资源的大数据分析，实现人力资源的合理配置，牵引优质资源向优质客户的倾斜；实际上，把标准化产品销售和行政采购搬到互联网上，实现B2B、B2C、O2O等多种新商业模式的运作，华为已经在做了。

　　华为之所以能够在国际市场取得今天的成绩，就是因为华为十几年来真正认认真真、恭恭敬敬地向西方公司学习管理，真正走上了科学管理的路。这是一条成功之路，是一条必由之路。华为为什么今天还要向"蓝血十杰"学习，就是因为还要沿着这条路走下去。革命尚未成功，同志仍需努力。

第三章

华为的转型文化
内生增长才是变革

· ·

　　误打误撞选择了艰难的通信行业,任正非带领着华为在泥泞曲折的道路上苦苦跋涉探索着。在市场的狂风暴雨中,在每次经历生死存亡危难之时,任正非总能保持清晰的头脑,力挽狂澜,在千钧一发之际及时转型,从而转危为安。从代销代工到自主研发,从运营商到服务商,从国内市场到国际市场……华为在一次次千钧一发之时主动或者迫于形势转型,转危为安,成功渡劫,羽翼日渐丰满。

第三章
华为的转型文化：内生增长才是变革

初创期只靠一条斗志：自强不息

> 华为是由于无知，才走上通信产业。当初只知道市场大，不知道市场如此规范，不知竞争对手如此强大。
>
> ——任正非

创立之初，华为几乎没有任何资源，没有资金，也没有技术，更谈不上什么背景。就是在这样极端艰苦的环境下，华为人团结一致，发挥出最大的创造力，克服重重困难，艰苦奋斗，奠定了华为的事业根基。任正非曾动情地说，华为人互道一声"辛苦了！"就会使人潸然泪下，这里面所包含的只有华为人自己最懂。

为了偿还债款，华为从代销起步，靠着深圳地理位置的优势，华为很快赚到了钱。但是随着代销公司的增多，生意越来越不好做，企业发展的天花板很快来临了。是把利润分了算了，还是咬紧牙关把企业继续办下去？继续办，路在何方？

任正非创办华为不光是为了赚钱。"以身观身，以家观家，以乡观乡，以国观国，以天下观天下。"任正非的内心揣着一个振兴民族工业的梦想。这个巨大的力量支撑着他，让他善于抓住市场发展的大趋势，将企业微观和国

>> **华为精神**
　　通信巨头高效成长的文化密码

　　家的宏观联系在一起，带领着华为从代销坚定地转向了自主研发的路子，从当年成百上千个误打误撞进入通信行业而又昙花一现的小企业中脱颖而出。

　　华为最开始代销一些火灾警报器、汽浮仪等厂矿所需的工业仪器，但是这些产品的订货量小，企业逐渐捉襟见肘了。为了糊口，任正非艰难地找寻着新的商业机会。

　　当时，国内固话的骨干网络基本全面建成，但是居民装电话的初装费非常贵，在很多城市，初装费高达 5000 元。而小交换机则可以实现小范围电话互打，一方面，大大减少了初装费，满足企业内通讯需求，另一方面，内部通话时也省下了市话费，因此当时几乎每个单位都想要一台自己的交换机。与直线电话的巨额开支相比，小交换机带来的便利使得它的需求市场巨大。而在市场的供应者这一边，由于当时国内邮电系统尚未分家，邮电部下属的企业效率较低，因此市场在 1987—1989 两年当中，没有国内厂商供应小交换机。巨额的需求都被集中到了香港和与之毗邻的深圳，以转口贸易的形式出现。位处深圳的任正非看准了小交换机的商机，并找到了代销香港鸿年公司的小型 HAX 程控交换机这条路子。

　　香港鸿年公司的老板和任正非初步交流后，被任正非不凡的气质所吸引，他慷慨大方地给任正非提供了代销的授信额度。这样，任正非凭借特区信息方面的优势，从香港鸿年公司进口小型 HAX 程控交换机到内地赚取差价，在公司成立初期短短两年时间赚到了钱，还清了 200 万元的负债后，还剩了几千万元。

　　然而好景不长。代销业务门槛低，HAX 程控交换机很受国内客户喜爱，收益也不错，很多小公司闻到了金钱的味道，蜂拥而上，没多久任正非发现很多和他抢生意的代销公司。很快，HAX 程控交换机出现了供不应求的

第三章
华为的转型文化：内生增长才是变革

情况，有时候任正非收了客户的定金，香港公司也供不上货。

面对市场上国外高价程控交换机横行无阻、组装机和走私扰乱市场的局面，任正非拍案而起，他说："华为一定要生产出自己的程控交换机！"任正非的这一想法遭到了创业团队的反对。大多数人主张把这两年赚到的钱分了，下辈子都够花了。他们认为，因为通信设备是国际厂商的天下，资源雄厚的国营企业都不敢碰，华为一个小小的民营企业，含辛茹苦赚的钱，却要投入无底洞一般的高科技研发中，无疑会债台高筑、血本无归。他们认为任正非真是不知天高地厚，几番争论无果，七位创业元老走了三人。任正非不信邪，他坚定地将华为的产品策略转移到自主研发这条道路上来。

刚开始，任正非将第一个目标锁在了BH01型24口小型程控交换机上。当时，国家电信局下面的几个企业已经在生产34口和49口的小型程控交换机，这种小型程控交换机属于成熟产品，技术含量不高。任正非就从国营企业买来散件自己组装，并打上了华为自己的商标BH01。

BH01小型交换机由于电话接口少，功能比较简单，只适合一些通话量不多的小单位。那些国际电信巨头们对这种量少的小型交换机市场不屑一顾，所以有一定的市场空间；任正非当时给BH01小型交换机定出了一个非常有竞争力的价格，一推出便出现了供不应求的局面。没想到的是，组装BH01小型交换机的散件很快出现了断货，大量付了订金的单子很可能导致无货可发，面对着高额的违约风险，华为的组装之路又被逼到了死路。

为了不使自己在客户面前信誉破产，同时也为了让华为彻底打开在小交换机市场上的成长空间，1990年，任正非决心破釜沉舟，集中所有的人力物力，自行对这款当时名叫BH01的产品全部的软件和电路进行自行开发。就这样，1991年9月，任正非租下了深圳宝安县蚝业村工业大厦三楼，

>> **华为精神**
通信巨头高效成长的文化密码

开始踏上自主研制程控交换机之路。

任正非事后回忆：华为当时不仅使用了自己所有的利润来投资这一研发，而且把客户预订小交换机的钱也都投了进去。如果到1991年这一产品还不能供应市场的话，华为就真的破产了。

但是任正非赢下了这个赌局。这款叫BH03的交换机几经坎坷，但最终顺利地推向市场，并受到了客户的认可！1991年12月底，任正非和员工们一起庆祝BH03的研发成功。他站在一个临时的纸箱子上，大声喊出："20年后，全球通信产业三分天下，华为有其一！"有谁想到，这一句当时几近疯狂的豪言壮语，最后成真了。

20世纪90年代初，国内交换机市场空间极大，国内的众多厂家和科研机构都在努力提升技术档次，磨肩接踵地计划着进入大容量的数字程控交换机市场。华为在国内的主要竞争对手中兴通讯，1992年1月ZX500农话端局交换机的实验局顺利开通，当年中兴通讯销售超过1亿元，利税达到6000万元，毛利率至少在60%。到1993年，中兴2000门局用数字交换机的装机量已占全国农话年新增容量的18%。当时，任正非意识到单位交换机技术堡垒不高，市场空间有限，而随着追随者蜂拥而至，市场竞争会越来越激烈，利润会越来越低。华为如果停滞不前、沾沾自喜，会很快触碰到企业发展的天花板。

短暂的喜悦后，困境接踵而至。华为投入巨资研发的JK1000交换机刚刚问世便落伍了，遭到了沉重的打击。最终在销售人员不懈努力下，也只卖出去了200多台，入不敷出。华为公司如果不能立即推出数字程控交换机，将面临着市场急剧萎缩，甚至被清盘关门的命运。

任正非在JK1000交换机惨遭失利的情况下，果断将全部资金孤注一掷

第三章
华为的转型文化：内生增长才是变革

地投入到 C&C08 数字程控交换机的开发上。这是以华为公司全部资产为本钱的最后一搏，生死存亡，在此一举！

1993 年年末，华为自主研发的局用 C&C08 数字交换机诞生，并在浙江义乌首次开局，标志着华为成功迈进了公共电信网络市场。C&C 有两个含义：一是 Country&City（农村＆城市），表达了华为人从农村走向城市的渴望；二是 Computer&Communication（计算机＆通信），数字程控交换机就是计算机和通信的结合。经过两个月的紧张调测，C&C08 数字交换机终于可以独立工作了。

义乌局首战成功，公司上上下下沸腾了！任正非却冷静地说："交换机的优化工作要持续 8 年，要不断地接收用户的反馈信息，不断地改进我们的交换机，使它长期居于最先进交换设备的行列。"

华为的数字程控交换机真的在以后的岁月中足足优化了 8 年：请德国最优秀的设计师来设计机架、机柜，解决了外观问题；C&C08 后续的版本中还陆续实现了支持远端用户的功能。10 多年后，2004 年北京通信和华为共同宣布，C＆C08 交换机在北京通信 100 万线集团用户网实现了全年稳定运行。当时，C＆C08 交换机已连续三年全球出货量第一，全球应用已超 1 亿端口。

>> **华为精神**
通信巨头高效成长的文化密码

二次创业：认清冬天远比过冬更重要

> 公司所有员工是否考虑过，如果有一天，公司销售额下滑、利润下滑甚至会破产，我们怎么办？我们公司的太平时间太长了，在和平时期升的官太多了，这也许就是我们的灾难。泰坦尼克号也是在一片欢呼声中出的海。而且我相信，这一天一定会到来。
>
> ——任正非《华为的冬天》

2001 年开始，美国互联网泡沫破灭爆发 IT 危机，以美国安然为龙头的一批电信、IT 公司宣告破产，灾难无法有效遏制，甚至波及了全球股市。

华为遭遇了创业 15 年以来首次业绩下滑。公司合同销售额从 2000 年的 255 亿元下降至 2001 年的 221 亿元，利润更是从 52 亿元大幅减至 12 亿元。2002 年下滑趋势继续蔓延。

屋漏偏遇连夜雨。李一男打着"内部创业"的旗号离职，成立港湾公司。但是，港湾全面复制华为的产品线，带走大量华为的骨干员工，甚至在风险投资机构的介入下谋划上市。这一事件对华为的内部管理敲响了警钟。

蓄谋已久的思科在美国起诉华为侵犯了思科的知识产权，起诉书长达

第三章
华为的转型文化：内生增长才是变革

70多页，要求美国地方政府下令禁售华为产品。思科高管甚至公开扬言，这一次一定要让华为付出倾家荡产的代价。

而且，小灵通策略的失误更使任正非一度患上抑郁症，有时他甚至半夜哭醒。任正非回忆当时的情形说："有些疲惫，崩溃，身体患有多种疾病，动过两次癌症手术。""我并不害怕来自外部的压力，而是害怕来自内部的压力。我不让做，会不会使公司就此走向错误。做了，是否会损失我争夺战略高地的资源？内心是恐惧的。"

困境之下的华为差点以100亿美元的价格把硬件体系出售给摩托罗拉公司，然后把这笔钱拿去做旅游地产开发。当时谈判已经达成一致。最后是因为摩托罗拉董事长高尔文下台，而新任董事长圣德不批准，此事才没有做成。

员工们回忆起当时的情形说："那时候大家都很累，公司也很难，管理极严格，成本控制得一丝不苟。记得最困难的时候，出差都不住星级酒店了，住当地的员工宿舍，而且发薪发年终奖的时间有时候也是能拖就拖。"

内忧外患的压力之下，任正非内心却逐渐明亮。对于小灵通的问题，任正非认识到"短期的机会主义不可能被客户采纳，唯有品质和服务才能留住客户"。拨开迷雾之后，他清晰地认识到，华为前十年是粗放式增长，各路英雄各显神通，虽然获得了快速增长，但是营销网络的建设与公司内部管理问题也逐渐变得十分突出。如何优化组织管理，对营销人员的业绩进行有效的评价并及时激励，成为当时亟待解决的问题。

那么，如何二次创业？华为的答案是：从技术导向转为客户导向，规范基础管理练内功，扩大市场份额勇开拓。

任正非在不同的场合公开性地不断强化这个理念：

"坚持不断提升企业的核心竞争力,由技术导向转向客户导向,根据客户需求,提供全套解决方案,开发低成本高增值的产品,提供良好的全面的服务体系和管理体系。"

"我们一定要做工程商人。科学家可以什么都不管,一辈子只研究蜘蛛腿上的一根毛。对于科学家来说,这是可以的。但是对我们呢?如果我们只研究蜘蛛腿,谁给我们饭吃?因此,不能光研究蜘蛛腿,要研究客户需求。"

"充分理解、认真接受'为客户服务是公司存在的唯一理由',要以此来确定各级机构和各流程的责任,从内到外,从头到尾,从上到下,都要以这一条标准来进行组织结构的整顿与建设。这是我们一切工作的出发点和归宿,这是华为的魂。"

华为一边苦练内功,多管齐下优化管理,提出"先僵化、后固化、最后优化"的策略,包容并收世界顶级管理理念,围绕客户需求优化和改进内部管理;一边加紧市场拓展,先是占据国内主要城市市场份额,进而将红旗插向海外市场。华为,在严冬的磨炼中二次创业,从"土八路"变成了正规军,并逐步登上了国际化的新台阶。

再创业运动

1996年,号称为华为打下江山的市场部,以孙亚芳为首主动辞职,重新竞聘上岗。华为市场部所有正职干部,从市场部总裁到各个区域办事处主任,所有办事处主任以上的干部都要提交两份报告,一份是述职报告,一份为辞职报告,采取竞聘方式进行答辩,公司根据其表现、发展潜力和企业发展需要,批准其中的一份报告。

第三章
华为的转型文化：内生增长才是变革

在竞聘考核中，包括市场部代总裁毛生江在内的大约 30% 的干部被替换下来，不少干部重新回到了普通员工的岗位。表面看来，这是华为市场部的一次重大人事变动，而任正非表示："任何一个组织只要没有新陈代谢，生命就会停止。如果我们顾全每位功臣的历史，那么就会葬送公司的前途。如果没有市场部集体大辞职所带来对华为公司文化的影响，任何先进的管理、先进的体系在华为都无法生根。"任正非的真实用意，其实更加深远。

师夷长技以制夷

当国内市场空间逐渐饱和，华为盯上了国际市场大舞台。但是，如何"制胜于疆外"？

1997 年，任正非率高管访问美国。在与国际一流跨国公司如美国休斯公司、IBM 公司、贝尔实验室和惠普公司等接触的过程中，任正非意识到，管理西化，是华为全球化进程不得不迈过的一道门槛。要想和国际市场的大企业对话，必须在管理上与国际接轨，遵守通行的商业价值观和具备国际化的一系列的标准流程和制度，建立现代化规范的管理体系。

任正非写下了《我们向美国人民学习什么》，决心"以夷制夷"，向西方学习。

我们在 IBM 听了整整一天的管理介绍，对它的管理模型十分欣赏，包括一个项目从预研到寿命终结的投资评审、综合管理、结构性项目开发、决策模型、筛选管道、异步开发、部门交叉职能分组、经理角色、资源流程管理、评分模型……

华为 1998 年的研发经费将超过 8 亿人民币，并开始对战略预研与起步

>> **华为精神**
通信巨头高效成长的文化密码

进行基础研究,由于不懂,造成了内部的混乱。因此,这次访美我们重在学习管理,学习一个小公司向规模化转变,是怎么走出混沌的。

华为的官僚化虽还不重,但是苗头已经不少。企业缩小规模就会失去竞争力,扩大规模却不能有效管理,又面临死亡。管理是内部因素,是可以努力改善的。规模小,面对的都是外部因素,是客观规律,是难以以人的意志为转移的,它必然抗不住风暴。因此,我们只有加强管理与服务,在这条不归路上才有生存的基础。这就是华为要走规模化、搞活内部动力机制、加强管理与服务的战略出发点。

华为曾聘请IBM专家给部门做管理评分(TPM),以满分5分计,华为2003年的平均得分只有1.8分。而一家真正管理规范的跨国公司,其TPM分值应该达到3.5。根据IBM专家的评测,华为人均工作效率只有国际一流公司的1/2.5。华为的订单及时交货率只有50%,而国际上其他电信设备制造商的平均水平为94%,华为的库存周转率只有3.6次/年,而国际平均水平为9.4次/年,华为的订单履行周期长达20~25天,而国际电信设备制造商平均水平为10天左右。华为必须重塑管理流程,设计和建立以客户为中心,低成本的集成供应链,为打开世界市场奠定基础。

1998年开始,任正非正式聘请IBM为IPD(集成产品开发)提供咨询,打破了华为以部门为结构的管理模式,开启从技术为核心的管理模式转向以业务流程为核心的管理模式,从人治转向流程治理。华为开始了"削足适履"式的管理体系变革。

在接下来的十多年的岁月里,华为不惜投入巨大的人力、物力、财力,从研发、供应链等后端业务入手,逐渐加入人力资源、组织结构和市场营

第三章
华为的转型文化：内生增长才是变革

销等前段业务流程单元，伴随着企业成长和外部市场环境的变化，逐渐对华为的全部流程实行再造。在 IPD、ISC、人力资源、财务管理、营销管理、质量控制等诸多方面，与 IBM、合益咨询、普华永道、埃森哲、弗劳恩霍夫等西方公司展开深入合作，全面构筑客户需求驱动的流程和管理体系。

刚开始推进 IBM 管理咨询项目时，很多华为的管理者提出疑问：洋文化会不会水土不服？

任正非坚定地说："IBM 的管理也许不是全世界最好的，我们员工也有可能冒出来一些超过 IBM 的人物，但是我只要 IBM。高于 IBM 的把头砍掉，低于 IBM 的把腿砍掉。只有谦虚、认真、扎实、开放地向 IBM 学习，这个变革才能成功。"他指出，"变革的指导方针是先僵化、再固化、后优化。僵化是让流程先跑起来，固化是在跑的过程中理解和学习流程，优化则是在理解的基础上持续改进，我们要防止在没有对流程深刻理解时的优化。"

针对执行中的抵触情绪和修改企图，任正非明确指出："我坚决反对搞中国特色的管理、华为特色的管理。所谓管理创新，在现阶段就是要消化吸收西方成熟的管理经验。"

同期，还有很多国企也加入了学习西方管理经验、建立现代企业制度的大军中。有人诙谐地把中国企业向西方学习的模式分为两种，一种叫"中体西用"，另一种叫"脱亚入欧"。这两个词语是借用 19 世纪中叶中日两国面对西方冲击时的不同应对。清帝国的洋务运动遵循"中学为体、西学为用"的指导方针，结果一败再败；日本走的是脱亚入欧全盘西化的路子，结果跻身列强。

这样来看，华为走的是彻底的"脱亚入欧"的路子。

>> **华为精神**
通信巨头高效成长的文化密码

开拓海外市场

华为如果只有中国资源的话,最后必然会败在自家门口。比如爱立信,把来自全球的利润放在所得税最低的地方。它又在哪里融资呢?在贷款利率最低的地区。为了拥有可以抗衡的竞争能力,华为就必须实现全球化运营。

2001年初始,任正非发表了《雄赳赳气昂昂跨过太平洋》的讲话:"是英雄儿女,要挺身而出,奔赴市场最需要的地方。为了祖国的繁荣昌盛,为了中华民族的振兴,也为了华为的发展与自己的幸福,要努力奋斗!"大批华为人就这样背井离乡,义无反顾地踏上国际市场的征程。

国际巨头在海外市场策略上,通常是采取先占领发达国家市场,再在发展中国家销售廉价版本的产品这条路。而华为恰恰相反。华为在开拓国际市场时,由于市场已经被西方企业分割殆尽,初生牛犊的华为很难挤入主流市场,所以只能采用"农村包围城市"的策略:一是先易后难,先涉足电信发展相对落后的发展中国家,在发展中国家实现规模突破后,再逐步向发达国家迈进;二是从边缘产品切入,逐步进入主流产品;三是从小运营商做起,逐步切入主流运营商。

这条路虽布满荆棘,异常艰难,一旦选择,义无反顾。

华为的一个老员工这样回忆华为开拓海外市场的情形:"把大量的国内优秀的销售,会英语的和不会英语的,愿意去的和不愿意去的,往海外扔,而且从不妥协,只有去和不去降级的两条路。"

华为把海外市场作为战略市场,坚持长期不懈地持续投入。1996年,中俄达成战略合作伙伴关系,华为抓住这一政治契机进入发达国家企业力

第三章
华为的转型文化：内生增长才是变革

量相对薄弱的俄罗斯市场。国际市场中，西方公司早已经营了几十年，要取得运营商的信任和最终认证，平均需要 3~5 年的时间，仅靠参加短期的招投标项目，不可能真正被运营商接纳。华为 1996 年就开始拓展俄罗斯市场，直到 2002 年才真正获得认可和实现规模销售，目前已经成为俄罗斯电信市场上主要的设备供应商之一。

曾经奋斗在德国市场的华为员工说："他们可以挡 1 年、2 年甚至 3 年华为的进攻，而且大部分公司在 3 年还不成功的话，基本上就放弃了，但是真挡不住华为 7 年换人轮番进攻，德国市场就是从 2001 年开始进攻，最后到 2007 年才打开，而这本来是西门子，后来是 NSN 的本土市场。"

华为最开始国际市场频频遭遇闭门羹，因为人家不相信来自中国的华为可以提供优质的产品。在英国电信（BT）招标会上，因为没有通过 BT 认证，华为最初连入门的资格都没有。

华为的优点就是不断自我批评，围绕客户需求持续改进。在国际知名顾问公司的帮助下，华为在公司运作、质量体系、财务、人力资源四个主要方面进行了持续不断的变革，经过 7 年的努力，基本建立了与国际接轨的管理运作体系，这使华为终于有能力通过英国电信、西班牙电信、新加坡电信、德国柏林电信等最严格运营商的认证，在业内得到了尊重和认可。

华为在海外市场一开始就很注重生产当地化和员工当地化。华为高管熊乐宁在 2005 年全国信息产业工作会议上介绍说："从 1998 年开始，华为先后在俄罗斯、巴西、埃及等国家建立合资厂。通过俄罗斯的当地合作伙伴，产品已经成功应用到周边的十多个独联体国家。华为还在沙特、伊朗、印度等国，通过当地合作伙伴，成功实现了当地生产。"

思科的起诉事件给华为上了生动的一课。华为在进攻海外市场的同时，

>> **华为精神**
通信巨头高效成长的文化密码

加强了与竞争对手之间的战略合作,与松下通信、NEC、西门子、3COM、赛门铁克公司等建立了合资公司,在俄罗斯、印度、瑞典等国家建立研究所,在竞争中求合作,在合作中谋发展。大家你中有我,我中有你,相辅相成,和谐共存。

截至目前,华为的产品和解决方案已经应用于全球170多个国家和地区,服务30多亿人口,服务全球运营商50强中的45家及全球1/3的人口。华为公司拥有全球18万名员工,其中研发人员8万名,全球共设立了36个联合创新中心和14个研发中心。

第三章
华为的转型文化：内生增长才是变革

新阶段：团队合作与职业化文化内涵

《千手观音》之所以能够在短短的5分54秒的舞蹈表演中带给观众强烈、长久的精神震撼，是因为邰丽华和她的伙伴们创造出健全人也难以创造的完美境界，使不可能变为可能，一次次征服观众，赢得了亿万的掌声，但是在邰丽华和她的伙伴们的耳朵里和心里依然只有宁静。这其中体现出了追求卓越、持续的艰苦奋斗、默契的团队合作、精准到位的职业化行为以及掌声和荣誉面前的平常心的文化内涵，正是华为面向新的发展阶段所需要的文化诉求。

——任正非

2004年，IT行业的冰雪开始融化。2000年互联网泡沫的影响缓解后，国内互联网企业大批奔向复苏，整个IT行业也开始乐观起来。2004年有多达9家中国互联网公司在纳斯达克或香港成功上市，联想也在年底出手收购IBM个人电脑部门。

几经劫难后，华为终于绝路逢生。当年，华为全球实际销售收入达到了38.27亿美元，创造该公司17年历史中最高的销售纪录，其中，国际销售的强劲增长对华为的销售增长做出了主要的贡献。

在2004年三季度的内部讲话中,任正非再称,"华为要注意冬天"。他认为,"造成冬天是因为行业供给过剩,整个信息产业都在遭遇冬天。信息产业由于技术越来越简单,技术领先产生市场优势不再存在。传统经济的调节是通过调节资源来完成的,而信息产业中谁也控制不了资源。支撑信息产业发展的两个要素,一是数码,二是硅片的原料二氧化硅。都是取之不尽用之不竭的,导致电子产品过剩。这场生死存亡斗争的本质是质量、服务和成本的竞争。"

如何适应新的未来趋势?任正非受都江堰治水理念"深淘滩,低作堰"的启发:

李冰留下"深淘滩,低作堰"治水准则,是都江堰长盛不衰的主要诀窍。华为公司若想长存,这些准则也是适合的。

深淘滩,就是确保增强核心竞争力的投入,确保对未来的投入,即使在金融危机时期也不动摇;同时不断挖掘内部潜力,降低运作成本,为客户提供更有价值的服务。

低作堰,就是节制对利润的贪欲……我们不要太多钱,只留着必要的利润,只要利润能保证我们生存下去。把多余的钱让出去,让给客户,让给合作伙伴,让给竞争对手,这样我们才会越来越强大。

客户需求已越来越多地从买社保转向了关注解决方案。要满足客户需求,并跟上行业潮流,我司就必须从电信设备供应商转向电信端到端解决方案供应商,这是我们面临的一个很大的挑战和变革。

第三章
华为的转型文化：内生增长才是变革

《华为公司基本法》明确提出："为了使华为成为世界一流的设备供应商，我们将永不进入信息服务业。通过无依赖的市场压力传递，使内部机制永远处于激活状态。"

但是，面临新的困境，华为认识到，老套路已经不能够适应新的市场要求。华为开始不再是简单地卖通信设备，而是提出要做产品解决方案供应商。过去是产品制胜，现在要探求客户价值；过去是把竞争对手击倒，现在要把对手叫友军，竞争变竞合，整个转型面向客户需求。

在华为早期从设备商转向电信解决方案供应商时，其实并不被看好。因为市场上有大量的竞争者，竞争非常激烈。与此同时，用户的个性化、差异化诉求使得供应商必须针对用户需求定制解决方案，华为如果沿用以前的管理模式很难发挥自身优势。

华为如何华丽转身？

推行EMT制度

2005年，任正非认识到，"过去的传统是授权予一个人，因此公司命运就系在这一个人身上。成也萧何，败也萧何。非常多的历史证明了这是有更大风险的"。

在他的推动下，华为创建了EMT（Executive Management Team）集体决策机制，并由8位管理层轮流担任EMT主席，每人轮值半年。这是后来董事会下的轮值CEO制度的前身。

通过EMT管理团队轮值制度，不仅可以促进管理团队人员能力提升和后备人才能力培养，还可以降低部门间沟通成本，提高跨部门团队协调能力，培养潜在的高层领导者。这无疑不是任正非管理理念的一个转折。

>> **华为精神**
通信巨头高效成长的文化密码

将改革往精细化管理方向推进

2007年初，华为公司总裁任正非亲自给IBM CEO彭明盛写了封信，希望效仿IBM的财务管理模式进行转型。2007年7月份，IBM邀请华为公司近10位财务相关人员到美国总部进行了为期三天的访问，了解其财务系统情况。接下来，华为公司就正式启动了IFS（集成财务转型）项目。与此同时，IBM正式把华为公司升级为事业部客户——在其全球几十家事业部客户中，华为是唯一一家中国企业。对这样的事业部客户，IBM不但会组建一支由骨干组成的全球团队，还会提供全方位的定制服务，该团队在组织架构上直接向美国总部汇报。

在新的财务管理流程体系的保障下，华为公司对组织架构进行了大调整。此前的组织结构有些类似于IBM的横跨各业务部门的一体化销售模式，是高度集中的组织架构。它强调资源共享——一个客户经理代表所有产品面对一个客户，其好处是对客户有统一的接口。但由于华为产品跨度太大，内部沟通复杂，这给内部的协作和与合作伙伴的协作带来了挑战。据华为公司一线售前服务人员透露，一些业务部门对一线服务支持不到位，责任不明确，经常会出现内部相互扯皮的现象。

任正非受美军特种部队启发：美军特种部队前线小组由一名信息情报专家、一名火力炸弹专家、一名战斗专家组成。

于是任正非向华为全体员工发出呐喊：

"让听得到炮声的人呼唤炮火！让一线人员直接决策！"

"我们后方配备的先进设备、优质资源，应该在前线一发现目标和机会时就能及时发挥作用，提供有效的支持，而不是拥有资源的人来指挥战争、

第三章
华为的转型文化：内生增长才是变革

拥兵自重。"

"打不打仗，后方决定，怎么打仗，前方说了算。由前方指挥后方，又不是后方指挥前方。机关是支持、服务和监管的中心，而不是中央管控中心。"

"我们系统部的三角关系，并不是一个三权分立的制约关系，而是紧紧抱在一起的生死与共、聚焦客户需求的共同作战单元。"

接着，华为把原来跨业务部门的销售模式调整为现在的按业务块划分的结构，它把原来的统一销售部门打散，划归到各个业务部门中，形成按业务单元把产品部门和销售部门、服务部门完全一条龙结合在一起的、类似于事业部式的组织结构。把原来由客户经理一人面对客户的模式调整为以客户经理、解决方案专家、交付专家组成的三人工作小组，形成面向客户的"铁三角"基层作战单元。

基层作战单元，有效地提升了客户的信任，较深地理解了客户需求，关注良好有效的交付和及时的回款。在项目管理上，依据IBM顾问提供的条款、签约、价格三个授权文件，以毛利及现金流进行授权，在授权范围内直接指挥炮火，超越授权要按程序审批。调整后，由以前的单兵作战转变为小团队作战，而且决策过程缩短，内部沟通成本大为缩减。

2008年8月，中国电信近300亿元的CDMA大单引发了设备商的激烈角逐。阿尔卡特朗讯、北电和中兴的报价都在70亿至140亿元之间，华为却报出了不到7亿元的超低价。外人都认为华为的"裸奔价格"是在搅局。而任正非则认为"清者自清，浊者自浊"，这是基于华为整体解决方案的能力和在IFS项目改革后的精耕细作能力体现，即使出了这样的报价，华为的利润仍然可观。

>> **华为精神**
通信巨头高效成长的文化密码

提出面向终端客户的策略

2011年初,华为最高管理层齐聚意大利西西里岛,为自己设立了未来5—10年的发展目标,那就是在巩固运营商市场地位的同时,在运营商、企业网及消费者三大市场均进入领先者行列。

不久,华为组建了面向不同客户的业务集团(BG),分别是企业BG和消费者BG。自此,企业解决方案、消费者终端业务和运营商网络构成为了华为三大业务。这意味着,华为终端驶入华为主航道,这家在过去二十年依靠电信设备市场快速增长的公司,终于决定将未来的发展重心放到传统电信设备市场之外。

2013年,任正非在运营商网络BG战略务虚会上讲道:"我们不可能在所有领域都称霸世界,要有所为,有所不为。华为紧紧围绕架构,在业务层面要走向开放,并不是什么都去做,而是要能激活别人来做。"

走出运营商市场的华为,面对外部市场的复杂情况提出"聚焦"和"被集成"的概念。

什么是聚焦?

聚焦就是坚持聚焦ICT基础设施,把擅长的事情做到最好。一方面华为继续每年将营收的10%用于研发,这使得华为不仅在现有的产品领域能够走在世界前列,而且在面向未来的新的技术领域也能够继续保持世界领先;另一方面华为丰富的产品线,涵盖了ICT的各个领域,华为在面向企业级市场时产品的行业特性越来越丰富,型号越来越齐全。

什么是"被集成"?

运营商市场是单一客户,华为采取的是直销模式,简单提供产品。而

第三章
华为的转型文化：内生增长才是变革

市场是多客户群体，具有明显的行业属性和个性化特征，华为需要依靠大量的渠道合作伙伴来对应一个个行业细分用户群体提供个性化解决方案。

华为IT产品线总裁郑叶来解释说，"被集成"就是华为跟合作伙伴一起赢得客户的尊重，而不是由华为独立地去面对客户。"我们相信企业业务的成功是生态链的成功，需要更多的合作伙伴一起来努力，所以我们现在很多政策，包括渠道政策，投资伙伴的激励政策，面向ISV的政策都在调整和不停地优化，让大家一起和华为做大产业和事业。"

接着，华为定位于"提供创新的、技术领先的、差异化的、易于被集成的、一站式的、基于业务驱动的ICT基础设施产品与解决方案"，发挥华为产品线宽的优势，把华为ICT产品嵌入到合作伙伴垂直解决方案中去，让产品能适配行业需求，并构筑差异化竞争优势。

华为提出四个转型：

一是通过对客户进行高级管理培训、参观华为公司、举行管理研讨会等方式，由单纯利益关系转入培养文化和价值观认同感。

二是通过广泛理解行业趋势，形成差异化竞争优势，提供创新的解决方案等方式由通路型走向解决方案型。

三是通过建设华为自己的技术团队，提高项目自行交付比例等从单纯卖设备到设备销售加能力销售结合。

四是通过深刻理解客户业务，延伸已有业务，从满足客户办公系统需求切入满足客户生产系统需求。

华为建立了覆盖全国的能够为客户提供7×24小时的技术支持与应急保障服务体系，140个备件库和39个授权培训中心以及160多家华为网络技术学院，培养了一大批HCIE等华为认证工程师。

从提供产品到聚焦客户提供解决方案，华为成绩显著。

在智慧城市领域，华为解决方案已经成功应用于全球 40 多个国家的 100 多个城市。

在金融领域，已帮助多家中国大型商业银行完成基础架构云化，已服务全球 300 多家金融机构，包括全球十大银行中的 6 家。

在能源领域，华为成为"全球能源互联网发展合作组织"理事单位中唯一的 ICT 领域厂商，全联接电网解决方案已广泛应用于全球 65 个国家，服务 170 多个电力客户。

在交通领域，已与业内 60 多个合作伙伴开展合作，服务全球超过 22 万公里的铁路和高速公路、15 家以上客流量超 3000 万的机场。

在制造领域，它与库卡（KUKA）、ABB 等领先公司合作，共同推动制造产业升级，实现"智能制造"。

精品路线领跑消费者业务

最初，华为终端仅靠为运营商做贴牌机为生，华为终端有数量无品牌，利润微薄，而且还受到运营商各种苛刻的压制，形势非常被动。

据说，2003 年初，华为做出了 D208 功能机，模具费用 26.8 万元，据传任正非看到样机之后，发现远不是他想要的高端时尚机器，怒而摔之。2009 年，华为甚至一度考虑是否要整体出售整个手机终端业务。

下决心重振消费者业务后，华为将旗下所有面向消费者的业务如手机、其他终端设备、互联网以及芯片业务（主要由华为控股的海思公司承担）整合在一起，组成了消费者 BG，并把正在欧洲管理无线业务的余承东调回国内。余承东的上任，为消费者终端的转变拉开了序幕。

第三章
华为的转型文化：内生增长才是变革

上任后，余承东放言："我们希望让全世界人民逐步知道，最好的产品来自华为，不是来自苹果，不是来自三星。"并夸下"海口"要把华为手机发货量做到1000万台。说这话的时候，同事都觉得余承东疯了。在随后的数年时间里，余承东又无数次地在讲华为手机成为世界第一的梦想。以至于业界人士惊呼余承东过于自信，给他取了一个外号叫"余大嘴"。

但是，人们慢慢发现，"余大嘴"吹过的牛都一一地实现了。

2012年开始，华为终端开启从传统B2B业务模式向B2B2C、B2C模式艰难转变，从ODM白牌到OEM华为品牌，从功能机到智能机、从低端扩展到中高端，华为逐渐清晰聚焦高品质的终端发展策略，实现了出货量、产品力、品牌影响力三个层面的提升。以P9、Mate 8、荣耀V8、MateBook、HUAWEI WATCH为代表的旗舰产品已备受全球消费者的认可和喜爱。

2016年，华为手机出货量为1.39亿部，排名全球第三。排名在华为之前的是三星和苹果。接下来，华为消费者业务在中国市场聚焦在末端面向消费者的体验的提升：包括零售、服务等在用户的整体购买以及售后服务体验上提升；强化渠道、零售阵地建设，提升品牌营销和服务能力；重点聚焦欧洲、美洲、亚洲等区域的20余个具有区域影响力的大国市场，并力争在这些具有品牌辐射能力的高地市场实现全面突破，奠定全球各区域大国的核心影响力。

余承东表示，"得益于全球消费者对华为产品和品牌的认可，2017年一季度，华为消费者业的全球高端品牌影响力进一步提升。未来，华为消费者业务将坚持以消费者为中心，围绕渠道、零售、品牌、营销、服务等基础业务，持续构筑面向消费者市场的体系化能力，积极推进精细化经营和

>> **华为精神**
　　通信巨头高效成长的文化密码

用户服务；同时，还将积极开发面向未来的智慧产品，勇于创新，持续为消费者打造良好的全场景智能生活体验，逐步构建引领未来的核心竞争力，努力成为全球消费者喜爱的文化科技品牌。"

　　未来，华为消费者业务将在智能手机、可穿戴设备、智能家居、云业务等领域深入布局，逐步成为未来全场景智能生活的端到端解决方案供应商和平台服务提供商，为消费者提供更加便捷和智能的生活联接方式。

第三章
华为的转型文化：内生增长才是变革

华为生存之本是整体强健

> 将来的竞争是一条产业链和其他产业链的竞争。从上游到下游的产业链的整体强健，就是华为生存之本。
>
> ——任正非《深淘滩，低作堰》

2011年，华为实现销售收入2039亿元人民币，折合324亿美元，距离电信设备老大爱立信（336亿美元）仅有一步之遥。华为即将面临登顶时刻。而在国内同行中，它早已无人比肩。在全国工商联公布的中国民营企业500强榜单中，它登上了榜首。从一个追随者逐渐转变为行业领导者，华为渐入无人之境，无人引领。

但是，市场环境似乎不容乐观。2011年开始，电信设备市场增速呈现明显的下滑势头——2010年全球电信设备市场增速31%，2011年为12%。电信设备市场逐步触顶，上行空间似乎已然不多，业务拓展和市场空间已经非常艰难。

究其原因大致有三点。

第一，全球电信市场日趋饱和，传统业务增长乏力。2008年，全球电信市场规模为883亿美元，其后每况愈下，2009、2010年分别为804亿美元、

>> **华为精神**
通信巨头高效成长的文化密码

798亿美元,2011年"乍暖"上升3.9%,达到829亿。然而,2012年,这一数据又下滑4.9%,跌至790亿,是近六年来的最低水平。

第二,欧债危机以及全球经济危机复苏的不稳定性的影响。导致全球运营商投资更为谨慎,成本控制更为苛刻,投资增长迟缓,行业竞争日趋激烈。

第三,从整个产业链角度来看,互联网、移动互联网对传统通信产业的侵蚀是更深层次的原因。受互联网和移动互联网的影响,电信运营商普遍面临收入流失、增量不增收、盈利下降的问题。相关数据表明,当时全球94%的运营商经历着收入流失,而50%的运营商收入流失"非常显著"。这些负面效应,正依次集中传导在设备商身上。

同时,电信业出现了新的变化。用户的需求在变,不仅需要通信,同时存在大量信息需求。商业模式在变,云计算将让IT服务变得像通信那样可以即时获取。技术在变,新的云计算架构将改变IT业,就像IP技术改变电信业那样。最后,产业的边界在变,ICT融合服务将成为主流。届时,全球将有55亿移动宽带用户,100%的内容都将可以在线获取,同时,将有100亿联网设备,70%的中小企业将使用云计算,这些使得电信网络的流量将增长100倍。

未知的新局面,华为如何破局?

余承东曾说:"每次技术浪潮都给企业快速成长和行业洗牌提供了机会,云计算给了华为一个重要的发展机遇,而智能手机时代也给华为终端提供了崛起的机遇。"

他在《就算下一个倒下的是华为,也绝对不做"黑寡妇"》一文里说:"华为发展壮大后,不可能只有喜欢我们的人,还有恨我们的人。因为我们

第三章
华为的转型文化：内生增长才是变革

可能导致了很多个小公司没饭吃。我们要改变这个现状，要开放、合作、实现共赢，不要一将功成万骨枯。前20年我们把很多朋友变成了敌人，后20年我们要把敌人变成朋友。当我们在这条产业链上拉着一大群朋友时，我们就只有胜利一条路了。"

华为生态战略，强调的是以客户为中心，与生态圈共赢，构建可持续发展的生态体系。持续加大在产业联盟、商业联盟、开源社区、开发者平台等领域的建设和投资，充分发挥合作伙伴的优势，做大产业，形成共生、互生和再生的利益共同体。

随着华为在企业业务市场影响力的提升，业界主流玩家都纷纷开始寻求与华为的更深更广的合作。截至2016年年底，华为已经与SAP和ACCENTURE建立了战略联盟伙伴关系，并与霍尼韦尔、Infosys、T-Systems、西门子、阿尔斯通、海克斯康等超过百家业界领先的合作伙伴建立了全面合作伙伴关系，携手构建了近200个创新的、具有竞争力的行业联合解决方案，助力公共安全、交通、能源、制造业、金融、智慧城市等行业客户取得商业成功。

2017年，为了更好地构建行业生态华为，继续致力于协助伙伴提升客户服务和行业解决方案能力发展，持续优化渠道政策，加强激励、人才培养、联合营销等方面的投入，为生态提供所需的能量和养分。举措包括：

持续优化Open Lab的全球布局。Open Lab数量从5个，增加至12个。贴近需求为客户商业成功创造价值，与客户和合作伙伴联合将Open Lab建成创新中心、开发中心、验证中心和体验中心。进一步孵化生态，助力能力提升。

在政策方面，统一全球的伙伴政策框架，加强政策的执行与落地，保障广大伙伴的基本权益及生态的健康发展。

发布统一的赋能培训平台"华为合作伙伴大学",与服务生态密培育人才,逐步实现赋能的精准化、课程的实用化,助力伙伴能力提升。

云管端协调发展

2010年11月,华为宣布:为了适应信息行业正在发生的革命性变化,华为做出面向客户的战略调整,首次提出云管端战略。华为将协调发展云管端业务,积极提供新一代业务平台和应用、大容量智能化的信息管道和丰富多彩的智能终端,给世界带来高效、绿色、创新的信息化应用和体验。

在IT领域,像华为这样业务遍及云端,网络"管道"和终端领域的企业并不多。以苹果为例,苹果虽然在终端领域非常强势,但是在"管道"领域并不具备优势。华为的"云管端"一体化战略如果要实现充分的业务协同,这需要强大的综合性竞争力。

云管端战略中,关键在于云管端的协同发展,为客户提供满意的产品。在根植电信网络多年的经验积累上,"管"端成为华为的强项,而在"云"端,华为有多年建设数据中心的经验,自有品牌Tecal系列服务器产品已经为互联网、电信运营商等提供了比较良好的体验在云端持续发力。所以,"端"可以说是华为的短板,也可以说成为华为新的聚焦点。

2017年华为全联接大会,华为企业BG总裁阎力大发表《全球平台,共赢生态》主旨演讲。阎力大指出,数字化转型是包括一把手、技术、行业应用开发商的"铁三角"工程。华为坚持做客户最信任的伙伴,通过云管端协同的"平台的平台",帮助100家合作伙伴年收入超过1亿元。随后,华为P&S Marketing与解决方案部总裁张顺茂发表《在一起,梦飞扬:

第三章
华为的转型文化：内生增长才是变革

DevCloud2.0发布》主旨演讲，基于华为30年厚积薄发，华为自身研发效率达到6个1，华为开发云2.0提供九大开发云服务，帮助客户站在华为的肩膀上创新未来。

华为认为，如果没有终端业务，从生态链的角度上讲，你就没有办法去贴近最终用户。因为大家最终都要走向云端，如果你没有终端——对用户神经末梢的体验，而只有管道的话，往云端走就变得更困难。BAT和小米等企业，都深知"入口"的巨大价值。

企业云战略

作为云服务的解决方案提供商，华为敏锐地捕捉到了中国未来"互联网+"时代的重大机遇。而且，随着华为终端手机品质提升，逐渐得到中高端消费者认可，华为于2015年7月提出了面向中国市场的企业云战略。其中涉及金融、媒资、城市及公共服务、园区、软件开发等多个垂直行业，致力于为客户提供企业级的ICT，也就是信息通信技术基础设施服务。

一直以来，华为在云计算市场的角色都是解决方案提供商，而站在台前的，除了微软、IBM、亚马逊AWS等外资背景的云服务商，还有国内的阿里云、腾讯云等互联网系云服务提供商以及三大电信运营商。此次华为直接进入公有云市场，意味着华为从幕后走到台前。

目前，华为已经与全国20多个城市签订了战略合作，和500多家来自智慧城市、大数据、金融、物联网、智能制造、电商服务、医疗健康、农业、现代服务业等领域的产业链相关企业形成了合作伙伴关系。

华为的企业云会不会与自己的客户产生直接竞争？

华为企业云业务部总裁杨瑞凯表示：

>> **华为精神**
通信巨头高效成长的文化密码

"面对客户需求的多样化,任何企业都无法独立满足客户需求,需要与合作伙伴协同发展。未来华为企业云将汇聚政府、产业链相关企业、云应用提供商、集成商、服务商的需求,提供一个资源共享、合作共赢的服务平台,逐步构建云计算产业生态圈,进一步促进云计算和大数据产业的快速发展。华为公有云市场同样坚持被集成策略,永不做数据变现,互联网厂商和运营商仍是华为云服务重要伙伴,未来华为可以和运营商一起发展业务。"

第三章
华为的转型文化：内生增长才是变革

任正非的哲学：没有成功，只是在成长

> 十年来我天天思考的都是失败，对成功视而不见，也没有什么荣誉感、自豪感，而是危机感……失败这一天一定会到来，大家要准备迎接。这是我从不动摇的看法，这是历史规律。
>
> ——任正非

什么叫成功？是像有些企业那样，经历九死一生还能好好地活着，这才是真正的成功。华为没有成功，只是在成长。这就是任正非的生存哲学。

居安思危，华为和任正非是中国企业和中国企业家的典范。

20世纪80年代是万物初生的年代，一切都生机勃勃，这是一个物资短缺的时代，买电风扇要买票预约，买彩电得千方百计找门路，买自行车需托各种各样的关系。到处都是市场空白，随便做点什么，都可以挣钱。甚至炸油条、卖小米粥都可以赚得盆满钵满，不需要多少专业技能，不用懂企业管理。很多人在这时候赚到了人生中的第一桶金，但是大浪淘沙，卖方市场很快转向买方市场，80年代生意做得风生水起的人，到了90年代，很多已经销声匿迹。

任正非在80年代创立华为的原因，或许就是为了解决家庭经济拮据和

>> **华为精神**
　　通信巨头高效成长的文化密码

事业低谷的困境。华为从代销起步，但是华为并没有像其他企业那样一直做贸易，而是成立两年后就坚定地搞起了自主研发。

如果单纯为了利润，赚取第一桶金后，华为可以直接去投资房地产，而不用走上自主创新这条艰辛的路。在别人的质疑中，任正非保持了一个优秀企业家的清醒："华为最基本的使命就是活下去。技术开发的动力是为了生存。"

而且，出生于20世纪40—50年代的这批下海经商的人，最后做出成绩的，内心都燃烧着浓厚的家国情怀，饱含着富国强民的民族气节，任正非亦然。在华为成立初期，任正非就在心中树立了一个宏伟的目标："做民族通信企业的桥梁！"

作为一个普通的民营企业，华为没有国企那么多资源，没有任何背景支持和家底，在成长历程中经历了无数次的绝路险境，用孙亚芳的话来说叫"九九八十一难"。每次转型都是在企业命悬一线时，基于市场判断下的精准定位、积蓄力量，再义无反顾地冲锋，只要还有一丝希望，都毫不犹豫地坚守在通信行业，让企业持续发展下去。代销不好做了，就砸锅卖铁开始自主研发；运营商市场遇到天花板了，就向行业和消费者客户延伸；国内市场容量有限了，就跨出国门走向国际市场。

在任正非顽强的坚守和引领下，华为坚定不移30年对准通信领域这个"城墙口"冲锋，不断调整作战策略，每一次转型都是那么惊心动魄、扣动心弦！任正非说：华为只有几十人的时候就对着一个"城墙口"进攻，几百人、几万人的时候也是对着这个"城墙口"进攻，现在十几万人还是对着这个"城墙口"冲锋，密集炮火攻击！这一定会轰出一条血路！

华为企业年报数据显示，华为2016年运营商、企业、终端三大业务实

第三章
华为的转型文化：内生增长才是变革

现全球收入 5216 亿元，同比增长 32%，利润为 371 亿元人民币，同比增长 0.4%。

5216 亿元的收入是什么概念？有人给出了直观的答案：这相当于 5 个格力、2 个联想、5 个中兴、5 个阿里巴巴、5 个长虹、6 个比亚迪、7 个小米、20 多个康佳，意味着超越 IBM，进入全球 500 强前 75 名，增速全球千亿规模企业第一。年报提及，华为支付雇员费用为 941.79 亿元，按照 18 万华为员工平均薪酬粗略算，人均薪酬约 52.32 万元，涨幅超 13%。

任正非对局势的长远走向有敏锐的洞察能力。在华为 30 年的发展过程中，多次呐喊冬天来了，危机来了。令人惊讶的是，基本都踩对了鼓点。

2001 年 3 月，正当华为发展势头十分良好的时候，任正非在企业内刊上发表了一篇《华为的冬天》，这篇文章不仅是对华为的警醒，还正好说中了接下来的互联网泡沫破裂，因而广为流传，"冬天"自此超越季节，成为危机的代名词。

2004 年三季度的内部讲话中，任正非再称，华为要注意冬天。在长达 13000 字的讲话稿中，任正非检讨、审视了华为目前遇到的严峻困难，称这场生死存亡的斗争本质是质量、服务和成本的竞争。

2008 年，任正非又一次提及冬天。他说，要"对经济全球化以及市场竞争的艰难性、残酷性做好充分的心理准备"，并提醒员工，"经济形势可能出现下滑，希望高级干部要有充分心理准备。也许 2009 年、2010 年还会更加困难"。

2016 年，任正非再一次警钟长鸣，在质量与流程 IT 管理部员工座谈会上，他提醒道："金融危机可能即将到来，一定要降低超长期库存和超长期欠款。"在华为的心声社区里，他还发表了一次内部讲话，呼吁"三十年河

>> **华为精神**
通信巨头高效成长的文化密码

西、三十年河东,华为三十年大限快到了,只有改革才能真正站起来"。

任正非持续不断的危机意识时刻提醒华为的员工,"萎缩、破产一定会到来!"在国内企业界,敢于这样把自己往绝境上"逼"的企业家凤毛麟角。这可能是来自任正非父母的言传身教(任母生前曾一直为任正非存钱,以待华为不行的时候救他),或是儿时经历"三年自然灾害"和十年"文革"浩劫后留下的印记。

正如乞丐出身的朱元璋在称帝之后仍然厉行节约一样,经历过动荡岁月的任正非,内心始终隐藏着一种不安全感。那些食不果腹的难堪往事,那些衣不蔽体的深刻记忆,让今天的任正非更加珍惜来之不易的一切。因而他的偏执,他的苦行僧式的生活,都可以理解。

任正非将自己的这种"危机管理"解释为"假设管理",即只有正确的假设,才有正确的思想;只有正确的思想,才有正确的方向;只有正确的方向,才有正确的理论;只有正确的理论,才有正确的战略……

"十年来我天天思考的都是失败,对成功视而不见,也没有什么荣誉感、自豪感,只有危机感。也许是这样,华为才存活了十年。我们大家要一起来想,怎样才能活下去,也许才能存活得久一些。失败这一天是一定会到来,大家要准备迎接,这是我从不动摇的看法,这是历史规律。"如同勾践卧薪尝胆一样,任正非在一种假定的危机感中度日如年。

没有预见,没有预防,冬天来时就会冻死。那时,谁有棉衣,谁就活下来了。居安思危、未雨绸缪的任正非,低调地造就了华为的传奇,也造就了他自己的传奇。

华为的危机管理主要体现在以下几个方面:

一是持续审计。2006年,在马尔代夫的一家度假酒店,华为召开了一

第三章
华为的转型文化：内生增长才是变革

次高层会议，专门讨论清理关联交易。从任正非开始，所有公司高层跟华为有关联交易的亲戚朋友的公司全部进行清理。任正非有一次到日本去出差，被审计出来在酒店洗的衣服放在报销里面，审计部的领导就找任正非谈话，对不起得退回来，退回来还得写检讨。

二是忘记历史。一个企业，一个组织，如果总是背负成功与辉煌的包袱，这个企业其实也离死亡不远了。所以，任正非讲华为是没有历史的公司。在华为的任何角落看不到华为过去的历史，没有一张图片有任正非的形象，全球各地的办公场所看不到哪个中央领导视察华为的照片……华为也是一个没有功臣的公司，华为一位高管曾说，华为是一个不承认功臣的公司，老板也是，也就是说当任正非退休以后，也不会被供在华为的殿堂里。

任正非说过："我从来不在乎媒体现在、今天、明天怎么看我。第二，我也不在乎接班人是否忠诚，接班人都是从底层打出来的，打出来的英雄同时又能够进行自我否定，自我批判，同时又有开放的胸怀，又有善于妥协的精神，同时在看人的问题上能够多元视角，而不是黑白分明，他就是自然而然成长的领袖。领袖不是选拔出来的，是打出来的。"

恐惧造就伟大，警惕这些细菌的滋生繁衍，就是在为企业加固未来。

三是打掉帮派。华为从两万人民币起家，不到十个人，做交换机的代销，最初"活下去"是这个企业的唯一使命。怎么活下来呢？谁能为公司拿到合同，谁就是公司的英雄。这样一种个人英雄主导的文化带来了企业的高速发展，从1988年成立到1998年这十年时间，华为超越了中国的所有对手（当时的巨大中华、巨龙是军队企业，大唐是国有企业，中兴是地处深圳的国有企业），然后成为中国第一。

>> **华为精神**
通信巨头高效成长的文化密码

但是，任正非在《一江春水向东流》那篇文章里讲，华为当时山头林立，主义盛行，真不知道该朝哪儿走。为此，华为1996年搞了一次市场部大辞职，一千多人，市场部的干部员工，主要是正职干部，集体辞职，写两份报告，一份辞职报告，另外一份是述职报告。另外，华为各地办事处主任只能做4~5年，除了极个别的，调动的时候不准带一兵一卒。

四是自我批判。任正非向共产党学到了两个重要法宝：一是艰苦奋斗，一是自我批判。

华为这么多年来是这么过来的：理想主义＋实用主义＋实验精神，还有就是拿来主义，一切对我有用的都拿过来，然后一个大杂烩就是创造。什么叫创造和创新？"1+1=2"是几千年来人类的发明，为什么还要自主创新呢？所以，在别人的肩膀上，进行拿来主义的实现，企业成长就是最小代价的实用主义，也是最小代价的成功路径。

鸟类最长寿的动物是老鹰，老鹰到了40岁开始喙就变得越来越长，越来越厚，爪子变得越来越迟钝，身上的羽毛积得越来越厚，飞行起来越来越笨重。这时候有两个选择，一就是等死，二是挑战自我。老鹰意志坚定，当40岁到来时，老鹰就开始很艰难地飞行到某一处布满岩石的山区，然后把喙在岩石上来回磕打，最终把自己的喙打掉。

过了一段时间，喙稍微硬了一点儿，又用喙一点一点地把爪子上的指甲拔掉，再一点一点地把身上的很多羽毛拔掉，这时候的老鹰变得极其衰弱，但是一次痛苦的"自我改造"，带来的是150天之后老鹰的重生。接着，它还可以活30年。

老鹰尚且如此，万物之灵的人类为什么就不能做到自我批判、自我挑战，在痛苦中自我更新呢？

第三章
华为的转型文化：内生增长才是变革

任正非像一个呕心沥血的教练，成天拿着大喇叭对着训练场上的运动员们高呼："我们还必须长期坚持艰苦奋斗，否则就会走向消亡。"尽管手段过于原始和苛刻，但不能不承认，正是这种被他运用得恰到好处的危机感，给华为带来了源源不断的活力，华为在这种危机中变得越来越强大。

>> **华为精神**
　　通信巨头高效成长的文化密码

持续创新是华为人前行的动力

　　　　世界范围内的竞争者的进步和发展咄咄逼人，稍有松懈，差距就可能再次拉开；而且国内同行的紧紧追赶，使我们不敢有半点惰怠。在我们拼死拼活往前赶的过程中，公司就不可能出现太胖的羊、太懒的羊。一个充满危机感、又有敏感性、又无懒羊拖累的公司是一定能生存下来。要达到这样的境界，不仅技术上要不断创新，更要在管理上不断创新。

　　　　　　　　　　——任正非《创新是华为发展的不竭动力》

　　2016年，欧洲一家通信制造商的高管讲道：过去20多年，全球通信行业的最大事件是华为的意外崛起，华为以价格和技术的破坏性创新彻底颠覆了通信产业的传统格局，从而让世界绝大多数普通人都能享受到低价优质的信息服务。

　　华为最初的成功建立在价格优势、客户服务和在研发方面的快速模仿能力上。但随着华为在某些领域成为领头羊，这样的模式就不可持续了。华为必须通过在未知领域的不断探索和创新来推动企业升级发展。

　　任正非曾说过："不创新才是华为最大的风险"，"回顾华为20多年的

第三章
华为的转型文化：内生增长才是变革

发展历程，我们体会到，没有创新，要在高科技行业生存下去几乎是不可能的。在这个领域，没有喘气的机会，哪怕只落后一点点"。持续不断地创新，使华为从一个弱小的民营企业快速成长为全球通信领域的佼佼者。

思想创新是精髓

任何企业的创新，首先是理念层面的创新。如果没有理念层面的创新，一个企业的创新将是没有根基的。

华为员工队伍18万人（截至2018年年底），几乎清一色的中高级知识分子，大家来自五湖四海，不同民族、不同出身、不同宗教，但在华为这个炼炉里却训练有素、步调一致、精干顶用、反应快速，这不得不说是一个奇迹。

任正非曾说："是什么使华为快速发展呢？是一种哲学思维，它根植于广大骨干的心中。这就是'以客户为中心，以奋斗者为本，长期坚持艰苦奋斗'的文化。并不是什么背景，更不是什么上帝。""这就是华为超越竞争对手的全部秘密，这就是华为由胜利走向更大胜利的'三个根本保障'。"

华为从创立之日到今天，就是华为"以客户为中心，以奋斗者为本，长期坚持艰苦奋斗"的价值观的形成、实施以及长期不懈的传播的过程。

为什么要以客户为中心？

《华为人》报上发表过一篇文章，《为客户服务是华为存在的唯一理由》。任正非在2015年市场部大会上讲道：华为一定要提拔那些屁股对着老板的人。"屁股对着老板，就是眼睛看着客户；很多企业很多人，都是屁股对着客户，眼睛盯着老板，形成了伟大的奴才文化……"华为的任何管理者，包括任正非，到世界各地出差都不能坐飞机的头等舱，如果坐头等舱，多

>> **华为精神**
通信巨头高效成长的文化密码

出来的钱需要自费。

华为也没有专门为领导配备专车和司机,在国内任何地方,多数情况下,任正非出差不是自己开车就是打出租车,上飞机没人送,下飞机没人接。任正非机场排队打出租车的情景被媒体拍到后还成了新闻。这就是一种华为的价值取向,整个组织所有的神经末梢,任何体系,任何个人,所有的劳动和成本,都只能围绕客户这一个焦点来进行。公司支付出来的成本都是用于客户,而不是用于各级管理者。

30年来,华为持续进行组织变革,变革的聚焦点都是围绕以客户为中心这个方向。

早期,不管西方公司还是华为给运营商卖设备,都是代理商模式,是华为改变了当年中国市场的营销模式,由代理模式走向了直销模式。这个模式首先是被逼出来的——产品差,不断出问题,然后就得贴近客户去服务。

华为的老员工经常说一个词,叫作"守局",这里的局指的是邮电局,就是今天的运营商。设备随时会出问题,华为那些年轻的研究人员、专家,十几个人经常在一台设备安装之后,守在偏远县、乡的邮电局(所)一个月,两个月,白天设备在运行,晚上就跑到机房去检测和维护。华为的员工曾回忆:当时的设备不出问题是侥幸,出故障是大概率。

举个例子,华为交换机曾经卖到湖南,一到冬天许多设备就短路,什么原因呢?大家把一台出故障的设备拉回深圳,一帮人黑天白夜琢磨到底是什么问题。最后发现外壳上有不知道是猫还是老鼠撒的尿,就研究是不是症结在这儿。好,试一试,在设备上撒一泡尿,电一插发现没问题,又苦思冥想。到了第二天有人突然说不对,昨天那个谁谁撒尿之前喝了水,

第三章
华为的转型文化：内生增长才是变革

人也年轻，找一个老一点的同事，几个小时别喝水，撒一泡尿再试试。果不其然，撒完尿，电源一插嘣一下断了。最终确定，尿里面所含的成分是断电的原因。湖南冬天的时候老鼠在屋内到处蹿，交换机上的污渍可以肯定是老鼠尿，撒尿导致断电，华为的工程师们就针对这一具体问题进行产品改造，很快问题就解决了。

华为能够从一家小公司成长为让全球客户信赖的大企业和行业领导者，30年不间断的以客户为中心的优质服务是一个重要因素。正是由于华为跟客户频繁不断的沟通，正是由于西方公司"店大欺客"，尤其在中国市场的早期把乙方做成了甲方——那时候买设备要先交钱，半年以后能给你设备算不错了。以客户为中心，构成了华为和竞争对手的重大区别。

为什么要奋斗？任正非的观点是：

我们奋斗的目的，主观上是为自己，客观上是为国家、为人民。但主、客观的统一确实是通过为客户服务来实现的。没有为客户服务，主、客观都是空的。当然奋斗者包含了投资者及工作者。

企业的目的十分明确，是使自己具有竞争力，能赢得客户的信任，在市场上能存活下来。要为客户服好务，就要选拔优秀的员工，而且这些优秀员工必须要奋斗。

长期艰苦奋斗，也是以客户为中心。你消耗的一切都从客户来的，你的无益的消耗就增加了客户的成本，客户是不接受的。你害怕去艰苦的地区工作，害怕在艰苦的岗位工作，不以客户为中心，那么客户就不会接受、承认你，你的生活反而是艰苦的。

>> **华为精神**
  通信巨头高效成长的文化密码

在华为，奋斗的故事很多。有一个年轻员工，自己主动要求到非洲一个由三个岩石小岛构成的小国工作。只有一个人常驻，开始语言也不好，虽然公司租了别墅作为办公室，但是每天只有一小时电，没有水。

这个小伙子去了以后就在门口挖了个坑，用坑来积雨水，每三四天洗一次澡。正是这个年轻人，在那坚守了三年。南非区的管理者、技术支持的同事，不约而同地会遵守一个默契，任何人到那里出差都不住酒店，要跟在这里坚守的员工住在一起。

华为依靠什么机制来驱动60、70、80、90后四代人面向客户长期艰苦奋斗？相当重要的一点是，华为选择了"以奋斗者为本"的价值评价和价值分配的准则，要使奋斗可以持续发展，必须使奋斗者得到合理的回报。

西方国家主流的经济学思想在价值分配上更多地倾向于资本方的利益，更多的关注利润。导致的后果是美国今年面临的重大挑战是贫富分化，中产阶级利益被部分剥夺。而华为选择以奋斗者为本的价值评价和分配理念，一定程度上是经济思想的创新。

技术创新是核心

30年前的华为并不出众，但是今天华为所取得的成就，却引发了制造业和实体经济的集体反思。华为的成功，来源于对研发的重视，对创新的把控，对市场的引领。

2016年5月30日，全国科技创新大会、中国科学院第十八次院士大会和中国工程院第十三次院士大会、中国科学技术协会第九次全国代表大会在北京人民大会堂隆重召开。任正非代表华为作了《以创新为核心竞争力为祖国百年科技振兴而奋斗》的汇报发言，提道："如何去努力前进，面

第三章
华为的转型文化：内生增长才是变革

对困难重重，机会危险也重重，不进则退。如果不能扛起重大的社会责任，坚持创新，迟早会被颠覆。"以报国为己任、坚持自主创新的路子，任正非在华为起步的时候已经明确了。

研发能力是科技企业的核心，是企业持续发展的原动力。而研发的投入则反映了企业对科技创新的重视程度，也是衡量企业研发能力的一项重要指标。在资金投入上，在过去十年，华为已累计为研发投入2400亿元人民币。在人员配备上，华为全球员工总数18万人，服务于华为不同的业务领域，其中，研发员工占员工总数的比例为45%左右。

从1992年开始，华为就坚持将每年销售额的至少10%投入研发。华为主管研发的负责人曾说："什么事情都可以打折扣，但研发的10%投不下去是要被砍头的。"

以下是华为近几年研发方面的资金投入数据：

2013年华为研发投入307亿元（约51亿美元），占销售收入12.8%；

2014年研发投入408亿元人民币（约66亿美元），占销售收入14.2%；

2015年华为研发投入596亿元人民币（约92亿美元），占销售收入15%；

2016年华为研发费用达764亿元（约110亿美元），占销售收入的14.6%。根据欧盟委员会发布的"2016全球企业研发投入排行榜"显示，华为以83.58亿欧元，研发投入位居中国第1、世界第8名，与世界巨头大众、三星、英特尔等比肩。相比而言，苹果公司去年全年研发投入为74.1亿欧元，世界排名第11位；美国制造业巨头IBM去年全年研发投入45.15亿欧元，世界排名第27位。

2017年，华为研发费用支出为897亿元（约138亿美元），占全年收入的 14.9%。

2018 年，华为研发费用支出为 1015 亿元（约 151 亿美元），占全年收入的 14.1%，同比增长 13.2%。

华为是全球最大的专利持有企业之一，截至 2018 年 12 月 31 日，在全球累计获得授权专利 87805 件。

制度创新是奇招

制度创新应该是华为最大的颠覆性创新，是华为创造奇迹的根本所在。

第一，工者有其股。从常理上讲，任正非完全可以拥有华为的控股权，但创新一定是反常理的。从华为创立的第一天起，任正非就给知识劳动者的智慧——这些非货币、非实物的无形资产进行定价，让"知本家"作为核心资产，成为华为的股东和大大小小的老板。

为什么要把股权分给大家？

任正非的答案是："华为是科技企业，要更多的聪明人、有理想的人一起做事，所以就只能一起抱团，同甘共苦。越是老一代的创业者和高层领导干部，越要想到自觉奉献，只有不断地主动稀释自己的股票，才能激励更多的人加入华为的事业中一起奋斗。"

到今天为止，华为有 9 万股东。最新的股权创新方案是，外籍员工也将大批量地成为公司股东，从而实现完全意义上的"工者有其股"，这无疑是人类有商业史以来未上市公司中员工持股人数最多的企业，也无疑是一种创举，既体现着创始领袖的奉献精神，也考验着管理者的把控能力：如何在如此分散的股权结构下，实现企业的长期使命和中长期战略，满足不同股东阶层、劳动者阶层、管理阶层的不同利益，从而达成多种不同诉

第三章
华为的转型文化：内生增长才是变革

求的内外部平衡，其实是极富挑战的——前无经验可循，后面的挑战依然很多。从这一意义上看，这种颠覆性创新具有独特的标本性质。

第二，决策机制杜绝山头文化。任正非说，要砍掉高管的手脚，留下脑袋用来仰望星空、洞察市场、规划战略、运筹帷幄。高层干部不能习惯性地扎到事务性的工作中去，关键是要指挥好团队作战，而不是自己卷着袖子和裤脚，下地埋头干活。

大约2004年，美国顾问公司帮助华为设计公司组织结构时，认为华为还没有中枢机构，不可思议。而且高层只是空任命，也不运作，提出来要建立EMT（ExecutiveManagementTeam，经营管理团队），任正非不愿做EMT的主席，就开始了轮值主席制度，轮流执政，每人半年，经过两个循环，演变到2011年的轮值CEO制度。轮值CEO进行了8年，结果是什么呢？

首先是任正非远离经营，甚至远离管理，变成一个"头脑越来越发达、四肢越来越萎缩"的领袖。真正的大企业领袖在企业进入相对成熟阶段时一定是"畸形"的人，脑袋极其发达，聚焦于思想和文化、企业观念层面的建设；"四肢要萎缩"，四肢不萎缩，就会时常指手画脚，下面的人就会无所适从。所以，10年前，任正非是"大半个思想家"，和"小半个事务主义者"。10年以后的任正非完全脱离开事务层面，成为完全意义上的华为思想领袖。

华为推行轮值CEO制度。EMT管理团队由7个常务董事组成，负责公司日常的经营管理，7个人中3位是轮值主席，每人轮值半年。多年来运行效果是显著的，最大成效之一是决策体系的动态均衡。

如果上任轮值主席偏于激进，那么整个公司战车隆隆，但半年以后会有偏稳健的人上来掌舵，把前任风格调节一下，而过于稳健又可能影响发展，再上来的人可能既非左又非右，既非激进又非保守。这套体制的原型来自咨询公司的建议，但华为做了很多改造和创新，包括从美国的政党轮替制度里借鉴了一些东西，融入华为的高层决策体系。

任正非认为，华为实行的轮值CEO，从体制上制约了山头文化的坐大，为公司包容、积淀了很多五湖四海的杰出人才。同时这种创新体制也使整个公司的决策过程越来越科学化和民主化。今天的华为已经从早年的"高度集权"，演变到今天的"适度民主＋适度集权"这么一个组织决策体制。

组织创新打胜仗

第一，市场组织大胆运用军队战术。

"一点两面三三制"是任正非受中国军队的启示而来，原本是林彪著名的战术之一。它对华为30年的市场成功助益甚多，至今仍然被市场一线的指挥官们奉为经典。什么叫一点两面呢？任正非比喻说，尖刀队先在"华尔街的城墙"撕开口子，两翼的部队蜂拥而上，把这个口子从两边快速拉开，然后，"华尔街就是你的了"。

林彪被称为常胜将军，"一点两面三三制"是一个很重要的战术思想、战术原则。"三三制"当然指的组织形态。早期，任正非要求华为的干部们就"一点两面三三制"写心得体会。前副总裁费敏和常务董事李杰，对"一点两面三三制"体会最深，在《华为人》报发表后，任正非大加赞扬，就提拔他们上来。此后，"一点两面三三制"便作为华为公司的一种市场作战方式、一线组织的组织建设原则在全公司广泛推开。

什么是范弗里特弹药量？这是朝鲜战争的一个历史名词，即"火力制

第三章
华为的转型文化：内生增长才是变革

胜论",不计成本地投入庞大的弹药量进行密集轰炸,实施强力压制和毁灭性打击。华为是用这种聚焦战略,集中力量,攻其一点形成突破。

30年来,对着一个城墙口,几百人冲锋,然后,几千人、几万人、十几万人,对着同一个城墙口持续冲锋。而且近年来密集饱和攻击的弹药,达到每年1000多亿人民币（500亿研发,500—600亿市场与服务）,终于才站在引领世界的地位上。

"铁三角"向谁学的呢？向美国军队学的。蜂群战术、重装旅等,这些美国军队的作战体制变革也都成为华为进行管理创新的学习标本。什么叫重装旅？一线营销人员发现战机后,传导给后方指挥部,山头在哪,目标在哪,总部专家们要做评价。当专家团认为可以派重装旅过去,这些由商务专家、技术专家、市场解决方案专家组成的专家小组就奔赴前线,与市场一线的团队联合确定作战方案,甚至共同参与客户的技术交流、商务谈判等。

第二,研发组织"拿来主义"显神通

任正非说过,华为用固定网络部门用工业的流程做研发,创造了一种模块式组织——把一个研发产品分解成不同的功能模块,在此基础上成立不同的模块组织,每个组织由四五个精干的专家组成,分头进行技术攻关,各自实现突破后再进行模块集成。一来大大提高了研发速度。二来每一模块的人员都由精英构成,所以每个功能模块的错误率很低,集成的时候相对来说失误率也低。华为的400G路由器的研发就是以这样的组织方式进行的,领先思科公司12个月以上,已在全球多个国家布局并进入成熟应用。

而在无线研发部门,则发明了底层架构研发强调修万里长城,板凳要坐十年冷；直接面向客户的应用平台研发推行海豹突击队模式,从而形成

>> **华为精神**
　　通信巨头高效成长的文化密码

了整个研发团队的整体作战能力和快速应变力的有效结合。这即是任正非说的"修长城",坚固的万里长城上跑的是"海豹突击队","海豹突击队"在"长城"上建"烽火台"。

第四章

华为人的今天
谁说大象不能跳舞

····························

从狼性文化、床垫文化到工号文化、压强文化,从危机文化、自我批判文化到服从文化、服务文化,与其说华为注重危机文化,不如说任正非有异于常人的危机意识。

第四章
华为人的今天：谁说大象不能跳舞

危机文化：华为人永远要战胜自己

> 我们的竞争对手，就是我们自己。在华为公司的前进过程中，没有什么能阻挡我们，能够阻挡我们的就是内部腐败。所以，我们最大的竞争者是自己。
>
> ——任正非

从狼性文化、床垫文化到工号文化、压强文化，从危机文化、自我批判文化到服从文化、服务文化等，这些汇聚成蕴含着毛泽东思想哲学的军事文化，在任正非严格自律的个人魅力之下，奠定了华为"以客户为中心、以奋斗者为本、长期坚持艰苦奋斗"的核心价值观，配上股权激励的利益分享机制，在实践中一一贯彻到位。

任正非于2011年圣诞节发表的《一江春水向东流》坦言："世界上一切资源都可能枯竭，只有一种资源可以生生不息，那就是文化。"任正非过去曾提到，他因为"傻、无能"而放手让其他人去做，30年来，任正非更多的贡献在于公司文化建设和制度建设。出自任正非之手的《华为的冬天》《一江春水向东流》《北国之春》《天道酬勤幸福不会从天降》等文章非常有思想性，振聋发聩，极大激发员工的斗志，因此任正非又被称为"企业家

>> **华为精神**
通信巨头高效成长的文化密码

中的哲学家"。

华为的文化不断更迭,打法不断调整,往往因为任正非的一次讲话,前线就改变了作战战略,非常灵活,将理论与实践相结合这句话贯彻到底。

早前的2000年华为风头无限时任正非写就《华为的冬天》,2016年在习近平总书记和李克强总理出席的全国科技创新大会上,任正非提出华为2020年销售收入要超过1500亿美元的目标,同时称"华为感到前途茫茫,找不到方向,华为已前进在迷航中"。

2013年华为超越爱立信成为全球第一大通信设备制造商,几年来一直稳霸宝座,2015—2016年连续两年,华为手机在中国手机厂商中全球销量排名第一。

世界知识产权组织(WIPO)发布公报显示:中国企业华为2016年专利申请数量位居全球第一,加上2014—2015年,华为已经连续三年位居全球专利榜第一位。这是华为每年高达数百亿人民币的研发经费持续投入的结果,单2016年华为投入研发经费就达到了764亿人民币。

与往年类似,华为2016年5216亿的收入中,55%来自海外,华为是极少的几家可以靠自己的努力大量赚到外国人钱的公司之一。

在2016年占总销售收入比约55%的运营商业务上,华为从追随者变成了领跑者,进入了"无人区",这或许是任正非表示"迷茫"的原因之一。

与此同时,华为成立30年以来,从土狼变身狮子,又从狮子变身为大象,华为一直处于高速发展状态,但2016年财报显示的净利润同比增长0.4%的比例,似乎在预示着高速发展的华为正进入平稳发展

第四章
华为人的今天：谁说大象不能跳舞

阶段。

华为国际咨询委员会顾问田涛在第一届国家发展论坛上称：任何的外国竞争对手，都不构成对华为的毁灭性的打击。能够打败华为的永远是华为自己。所以华为必须持续地进行制度创新、制度优化和制度变革。

这与任正非的观点颇为吻合，"我们的竞争对手，就是我们自己。在华为公司的前进过程中，没有什么能阻挡我们，能够阻挡我们的就是内部腐败。所以，我们最大的竞争者是自己。" 2014年6月16日，任正非对媒体如是说。

鉴于任正非在华为"精神教父"的厚重符号以及其年过古稀的高龄，虽然几年前沸沸扬扬的接班人风波暂未再掀起，至今轮值CEO制度演进了8年之久，但是，任正非之后谁能代言华为并顺利实现权力过渡的担忧，一直是人们关注的。

廉颇老矣，尚能饭否？任正非看来，他的很多朋友都是老年人，但都用实际行动证明自己不老，"AIG创始人格林伯格88岁还能每天做50个俯卧撑，而且是早晚各一次。我去国外的时候，很多七八十岁的CEO自己开着飞机来接我们，为了证明他们不老。我们为什么总要说自己老、要求退休呢？"任正非在2014年的公司内部活动上说。不过任正非随后补充道："我是中国人，不会像他们一样，是会老的。"

华为确实又站在了其历史性的转折点上，不仅仅在于外部环境和业务发展上，更在于任正非还可以掌舵华为多久。在这期间，任正非能否引导华为逐渐淡化其精神领袖符号，成功过渡到注重流程化、过程化的西式管理文化，这样才会在精神领袖从华为淡出后，避免企业管理和战略发展上

>> **华为精神**
　　通信巨头高效成长的文化密码

失去方向，无所适从。任正非提出的"灰度理论"正是在实践中探索中西文化的有机融合。

任正非的接班人之谜目前仍未揭晓，2011年华为推行轮值CEO制度后，任正非侧面回应："华为所有员工将集体决定公司的命运，怎么可能由一个人决定这个事怎么做呢？华为从创立那一天起，确立的路线就是任人唯贤，而不是任人唯亲！"

第四章
华为人的今天：谁说大象不能跳舞

虚拟股权制度造就所有人的华为

　　创建华为时，设计了员工持股制度，通过利益分享，团结起员工，仅凭自己过去的人生挫折，感悟到与员工分担责任，分享利益……这种无意中插的花，竟然今天开放到如此鲜艳，成就华为的大事业。

——任正非《一江春水向东流》

　　任正非在《一江春水向东流》内部文件称，自己为生活所迫创立华为……当时在中国叫个体户，这么一个弱小的个体户，想组织起千军万马，是有些狂妄，不合时宜，是有些想吃天鹅肉的梦幻。

　　30年间，华为从一间破旧厂房里诞生的小公司蜕变为全球最大的通信设备制造商？

　　春秋战国时期，四处战乱，人心惶惶，商鞅命人在都城南门外立了一根三丈长的木头，并当众许诺：谁能将这根木头搬到北门，赏金十两，围观的人颇为疑虑、观望，没有一人上前，于是商鞅将赏金提高到五十金。重赏之下必有勇夫，终于有一个人过来将木头扛到了北门，商鞅立即赏了他五十金，从而赢得了百姓的信任，接下来的变法也很快在秦国推广，这

>> **华为精神**
　　通信巨头高效成长的文化密码

便是"立木为信"的故事。

任正非初创华为时，同样面临着内忧外患的局面，资金极度短缺、技术落后的情况下，可以说一穷二白，加上外资巨头垄断中国市场，虎视眈眈，如何在夹缝中生存下来？

1995年，任正非曾说，"由于资金的不平衡，公司一次又一次地面临危机，一次又一次被推到危险的边缘。是谁挽救了公司，是什么神暗中保佑？是集体奋斗之神，是数千员工及家属之魂，托起的气场保佑了公司。"

2017年4月17日，华为总部所在的深圳，天气多云，有微风，福布斯公布了2017年华人富豪榜，排名前100位里并没有任正非的名字，他以148.1亿元人民币个人财富，仅排名106位。排位的靠后性上，与往年并无二致。而互联网巨头大佬马云、马化腾、李彦宏均排在前十位。

2017年3月31日，华为发布了2016年财报，2016年华为支付给员工的工资费用就达941.79亿元，加上净利润分红379亿，2016年华为18万员工的年均总收入达73.3771万元。华为2016年5216亿元销售收入，比BAT三家之和还要多2000亿元，华为约18万的员工数也远超BAT三家之和。

这与任正非设计的员工持股制度密切相关，如今华为的股权结构大致是，华为技术有限公司股权被华为投资控股有限公司100%持有，而后者的股东只有两个，一个是华为投资控股有限公司工会委员会，持股98.99%，另一个是任正非，持股1.01%。

两三年前，华为为了回应其股权结构不透明的批评，这种批评多来自美国政府，低调的华为在媒体面前首次展示了那间可以揭示华为股权结构

第四章
华为人的今天：谁说大象不能跳舞

的密室，这间位于华为深圳总部的密室里，有一个玻璃橱柜，里面放着十本蓝色册子，记录着 8 万名员工的姓名、身份证号码以及其他个人信息。册中的员工持股约 99%。得益于这种独具特色的利益分享机制，华为从一次次危机中形成核变效应快速壮大。

一般来说，一个公司的壮大经历四个阶段：创业期、成长期、成熟期、上市 IPO 阶段，企业创始人的股份比例会逐渐从 60% 以上到 50% 左右，到 30% 左右，再到 20% 左右。因为健康的治理结构是股东会、董事会、监事会治理，进行会议表决，有人监督，分散风险，不能是老板"一言堂"。但反过来，创始人股权过低，是股权分散、管理混乱的诱因之一。

从创建之初至今，随着公司发展不同阶段的不同需求，华为股权激励制度不断进行了调整，从 1990 年留住人才诉求的内部股策略，到 20 世纪 90 年代末按照国家政策的三次股改策略，再到 21 世纪初的虚拟股期权方案，实现了实股到虚股的转换。2003 年股改中设立华为投资控股有限公司，简化了股权，方便了国际化，2008 年饱和配股策略，用以化解新老员工收入明显失衡难题，2013 年实行了 TUP 时间单位计划，与虚拟受限股匹配，解决长期与短期、多数与少数的问题。

不论股权结构如何演变，作为创始人，任正非个人的股权比例长期维持了 1%~2% 的状态。任正非靠什么领导着这家 18 万员工的公司？

这与华为的股权结构的进化有脱不开的关系，虚拟受限股是华为工会授予员工的一种特殊股票，没有所有权、表决权，不能转让、出售，拥有的是净利润的分配权和股价增值的收益权，这为华为屏蔽了股权分散可能带来的管理风险。

无法忽视的是，虚拟受限股的激励方式如今面临着双重的考验，一方

>> **华为精神**
通信巨头高效成长的文化密码

面是不同于上市公司的股权激励,只拥有分红权利的员工并非真正意义的股东,在工作为了更好地生活的新生代面前,渐渐褪去笼罩在前几代人头上的光环。另一方面则是,经历了30年的快速成长,如今华为逐渐进入稳定发展期,净利润微增长之下,员工年底分红金额未迎来飙升,未来增长速度会逐渐平缓,高额分红刺激不再的话,股权激励制度势必面临风险。

第四章
华为人的今天：谁说大象不能跳舞

创新者的窘境：从一只小蚂蚁变身大象

> 广泛吸收世界电子信息领域的最新研究成果，虚心向国内外优秀企业学习，在独立自主的基础上，开放合作地发展领先的核心技术体系，用我们卓越的产品自立于世界通信列强之林。
> ——《华为公司基本法》

对于一个国家来说，如果它支柱产业的技术没有突破创新，那么这个国家很难说富强。对于一个高新技术公司来讲，如果它没有核心技术和原创设计，那么它一定没有未来。

综观国内企业巨头，核心技术缺乏是普遍现象，原创性的技术革命更是屈指可数。近百年来，中国在生产力、重要的生产资料和生活资料上对世界还没有大的贡献，而欧美国家却一直处于领跑地位。

通信行业一个本质规律就是，谁掌握了核心技术，谁就掌握了市场竞争的战略高地。唯有立于核心技术这个战略高地，才可以江河高下，势不可挡。

华为精神
通信巨头高效成长的文化密码

华为一直十分重视创新研发，并保持了持续的高投入，早在 1998 年，任正非就将"拿出销售收入的 10% 作为研发投入"这一原则写进了公司纲领性文件《华为公司基本法》中，并作为华为七大核心价值观中很关键的一条。30 年来，华为在前沿技术、核心技术及基础技术的研究，投入强度之高，当属中国企业之最。

1987 年，华为踏入了通信行业，面对思科、爱立信等强劲对手，公司弱小得就像蚂蚁。经过 30 年的时间，华为从一只小蚂蚁变身大象，在全球通信领域，华为已经成为他人效仿的榜样。

2007 年，第一代苹果 iPhone 问世，引爆了智能手机市场，全球企业纷纷投入智能手机市场的争夺中。拥有运营商做渠道靠山的华为，产品销量不断上涨。苹果手机风靡全球，极大地带动了消费者对移动互联网的熟悉和使用，对移动网络速度和带宽的要求也不断提高，而最终结果是，运营商不得不从 2G 网络拓展到 3G 网络。这时候，华为主营的运营商管道业务得以持续发展和扩大。

"苹果救了华为，"任正非是这样讲的。任正非认为，以苹果为代表的终端市场，拉动了网络管道的发展，终端成为管道业务的助力器。这就好比修一条高速公路，修得又宽又坚实，但如果没有车在上面行驶，修得再好也没用，它不会产生任何价值。这时候，任正非眼里的未来是这样的场景：发展手机终端市场，以此拉动管道业务开发。也就是说，华为要通过发展手机终端业务来刺激管道业务更快更强地发展。

2012 年，华为全面进军智能手机，对于华为来说，这是一次颠覆性的转型。虽然艰难，但却令人兴奋得跃跃欲试。从这一年起，华为开始了从 B2B 到 B2C，从白牌手机到品牌手机，从低端到高端的转型路途。

第四章
华为人的今天：谁说大象不能跳舞

转眼到了 2015 年上半年，华为智能手机发货量已经达到了 4820 万台，同比增长 39%。据国际著名市场研究机构 GFK 数据显示，2015 年一季度全球智能手机销量仅增长 7%，远远低于华为智能手机上半年的平均增幅。得益于手机出货量及 ASP（平均零售价格）的共同提升，手机业务收入 72.3 亿美元，同比增长 87%。

在全球各个区域市场，华为消费者业务均保持高速增长态势，在国内市场上，华为手机（含荣耀品牌）销售收入同比大幅增长 124%。而在西欧、东北欧、南太和北非市场，华为手机也收获了不俗的战绩，多个区域销售收入增速超过 40%。其中西欧地区销售收入同比增长 45%、东北欧地区销售收入同比增长 54%、南太地区销售收入同比增长 41%、北非地区销售收入同比增长 164%、中东地区销售收入同比增长 48%。

根据国际著名市场研究机构 GFK 数据，2015 年 1 至 5 月华为在全球智能手机市场份额稳居全球前三。在中国市场，华为更是稳坐中国智能手机市场头把交椅。据 GFK 数据显示，2015 年 3 至 6 月，华为分别以 12.9%、13.6%、14.1% 和 15.2% 的市场份额占据中国市场份额第一，并显示出了极为强劲的上升趋势。

在西班牙、比利时、新西兰、澳大利亚、埃及等国家和地区，华为也占据了当地前三的市场份额，特别值得一提的是，在最考验实力的 400 至 500 欧元中高端档位市场，华为占据了西班牙 24% 的市场份额，意大利也拿下 20% 的市场份额，充分体现了华为手机在海外高端市场的规模突破，这也是对华为手机在高端创新上的肯定。

多年来，华为一直坚定不移耕耘手机市场。自 2011 年启动精品战略以来，华为聚焦中高端市场，不断精简手机型号，力求把每一款产品都锻造

>> **华为精神**
  通信巨头高效成长的文化密码

成该价位段最有竞争力的产品。

华为始终认为,创新是一场"长跑",华为每年至少投入销售收入的10%用于研发。2014年,华为消费者业务有12亿美元投入研发,在全球拥有16个研发中心,研发人员占比达到70%,是手机行业极少数愿意投资未来的厂商之一。

在硬件和软件上的创新上,华为更汇聚了全球最优秀的智慧。目前,华为在全球拥有16个研发中心,希望把全球最顶级的资源聚集在一起,构建全球的创新能力,为消费者打造最极致的产品和服务。如华为在时尚之都巴黎设立美学研究中心、在伦敦成立ID设计中心,专门邀请欧洲顶级色彩学、美学、外观等领域的设计师思考引领时尚的方向;此外,华为在数学家最多的俄罗斯设立以算法为主要研究方向的研发中心;在日本设立小型化设计和质量控制研究中心;在软件业最为发达的印度设立以软件研发中心等。消费者用的每一款华为手机,都汇聚了来自全球各领域最尖端的科技、最时尚的风潮。

2016年,华为在市场上的表现更为强悍和抢眼,先是华为手机在中国市场一举超越苹果,成为中国市场第一;二是华为在美国、中国同时向三星起诉,要求三星停止知识产权侵权行动,并向华为进行赔偿,这是中国企业第一次向世界级巨无霸主动宣战。

繁荣的背后,往往却暗藏杀机。现在的手机市场却呈现出一种怪异的现象,销量的疯涨并不代表利润也在飞跃式的增长。

苹果的iPhone近年来销量持续下滑,却阻挡不了苹果公司拿下全球手机产业92%的利润。然而,华为动辄30%的增长,却只占到个位数的利润。

Strategy Analytics公布的数据显示,2016年手机行业的总营业利润为

第四章
华为人的今天：谁说大象不能跳舞

537 亿美元，苹果的利润为 449 亿美元，占手机行业总利润的 79.2%，三星获得了 83 亿美元利润，占行业总利润的 14.6%，苹果与三星占手机行业总利润的 93.8%；华为手机 2016 年的利润是 9.29 亿美元，为行业总利润的 1.6%。

从出货量来看，华为仅次于三星和苹果，位居全球前三，但行业利润仅有不到 2%。一面是不断上升的出货量，一边却是惨不忍睹的利润率，华为手机终端这样"畸形"的发展很显然是极不健康的。

在高出货量的情况下尚不能保证可喜的利润率，倘若人口红利一旦消失，智能手机换代的大市过去，随之而来的势必是跳崖式的需求萎缩，到那时候华为的手机终端的日子只会更加难过。

对比 2016 年同期收入 40% 的高速增长，华为 2017 年上半年的收入增幅开始放缓，营业利润率也略有下降。华为 2017 年上半年实现销售收入 2831 亿元人民币（约合 418 亿美元），较上一年同期的 2455 亿元人民币同比增长仅有 15%，营业利润率 11%，两项指标均较上年同期的差。

2017 年，手机品牌是难熬的一年。一方面，无论是线上还是线下的渠道红利逐渐消失；另一方面进入存量市场后，整体出货量几乎停滞不前。在这样的大环境下，华为这样的头部品牌难言轻松，很多中小品牌或将身处淘汰的危险境地。

中国市场从 2014 年开始，其实也进入了一个缓慢增长期。2014 年，中国智能机出货量为 4.5 亿部，2015 年出货量仅增长了 1000 万部，增长率仅有 3%，达 4.6 亿部。2016 年，中国手机市场有所复苏，增长率高达 18%。

然而，2016 年的高增长态势具有偶然的因素，在全球市场低迷的情况下，中国市场也难独善其身。赛诺预计，未来两年中国手机市场仍将增长，

>> **华为精神**
通信巨头高效成长的文化密码

但增长趋势放缓，2017 年、2018 年的出货量分别为 5.5 亿部和 5.7 亿部，增长率仅有 2% 和 3%。

从年环比增长 18%，暴降到只有 2%，手机市场的巨大起伏将对手机品牌的生存与发展形成巨大挑战。

线下市场的增长红利似乎到了尽头，整体市场停滞不前，这些都将对华为的生存与发展产生巨大的挑战，手机终端市场新一轮的洗牌似乎在所难免，华为能否突出重围，走出一条全新的手机终端道路，既有稳定的出货增长率又能够有合理的利润率，而不是做一些"赔本赚吆喝"的生意。

第四章
华为人的今天：谁说大象不能跳舞

头脑是未来战略的无人区

> 随着逐步逼近香农定理、摩尔定律的极限，面对大流量、低时延的理论还未创造出来，华为已感到迷茫，找不到方向，处在无人领航、无既定规则、无人跟随的困境，华为已前进在迷航中。重大创新是无人区的生存法则，没有理论突破，没有技术突破，没有大量的技术积累，是不可能产生爆发性创新的。
>
> ——任正非

任正非上述两个判断振聋发聩，第一个就是华为创新进入了无人区；第二个是对智能时代认知不足。就像军队打败了敌人，但是眼前是战争的无人区，心里是战略的无人区，头脑中是梦想的无人区。作为中国最优秀的企业家之一，此刻，任正非内心最大的恐惧或许是远离人群和无法准确定义敌人，而孤独可能导致误判一个崭新的时代。

华为在过去30年里取得巨大成功的因素，概括起来为五点：第一点是香农定理和摩尔定律支撑的清晰战略路径和可持续战略预期；第二点是过去十几年全球通信行业作为IT和互联网底层基础设施爆发式增长，拥有需求驱动的时代红利；第三是军事化思想支撑的本土化执行力；第四是制度

> > **华为精神**
> 通信巨头高效成长的文化密码

设计优势支撑的人才创造力;第五是研发驱动的战略红利以及技术溢价。

以上可以总结出华为的成功具备了时代性,且依附于时代,虽然超越了大部分中国企业的高度,但是依然是商业轨道上可以预知的成功,华为的属性是一家商业领域通过产品和服务成功的公司。

华为的成就和中国的全球化红利高度捆绑,和时代趋势高度捆绑。华为目前的两大推动力,第一依然应该是中国在全球化中的核心驱动甚至主导地位,由此推动深化的全球大规模的通信基础设施投资;第二是把握新时代新红利,抓住了消费电子时代的全新需求。

但硬币的另一面也很清晰,基于战略成就可能出现的战略挑战是:其一,国际市场环境有可能伴随着中国的复杂国际关系大环境发生逆转,这一点已经从美国对华为的商业限制展露端倪;其二,信息时代周期性带来的发展动力下降,这里面包括香农定理和摩尔定律瓶颈的问题;其三,智能时代对组织再造的重大挑战,工业化和信息化时期快速成长起来的华为可能面临着人员过剩的问题,目前这个挑战还不明显,但应该是不远处的问题。可见,华为在人机智能时代到来的时刻,本身已经走到了发展的十字路口。

目前,已然是华为的鼎盛时期,但这个鼎盛显然是针对"工业文明"和"信息文明"的,相对于"智能文明",正如任正非所言,华为迷茫且没有做好充分的准备。领航人机智能时代面临着战略布局、理论基础、组织架构等系统化的挑战,华为人即使有了一定的心理准备,但战略基因的转变挑战的难度必然超出目前已知的判断。

美国时间 2016 年 11 月 17 日凌晨 0 点 45 分,在 3GPP RAN1 87 次会议的 5G 短码方案讨论中,历经千辛万苦,中国华为公司的 Polar Code(极化码)方案,最终战胜列强,成为 5G 控制信道 eMBB 场景编码最终方案,

第四章
华为人的今天：谁说大象不能跳舞

扬眉吐气、创造历史。华为又一次突破技术"无人区"。

在此次会议中，华为的对手是以美国公司为首的LDPC和TBCC阵营，在这个美国最有话语权的领域，怎么可能会轻易拱手相让？更何况，这决定了谁在下一个时代——5G时代，主宰着这一领域。

随着议会的开始，在长码方案竞争中，中国华为以微弱的劣势惜败。一度让我们感觉5G时代又要跟我们擦肩而过了。当会议举行到最关键的时段，也就是最关键的短码之战，争论也异常激烈，几乎所有的公司都参与其中，关注编码方案的与会者更是爆满，站在一旁关注着这场没有硝烟的战争。而具有竞争资格的三家企业，是来自美国的LDPC方案、法国的Turbo2.0方案，以及中国华为的Polar code方案。最终，支持华为公司提案的公司达到了59个，以绝对的优势赢下了至关重要的一环，Polar code最终成为控制信道上行和下行的编码方案。而数据信道的上行和下行短码方案则归属高通LDPC码。

一开始没有人相信一直霸占着核心技术的高通会被华为打败，就如同当年没人相信华为会打败爱立信一样。但最终结果宣告了高通统治时代已经结束，中国通信技术迈入世界顶尖领域。

在通信领域中，在这之前中国企业几乎没有话语权，在2G、3G时代，所有的专利技术都几乎被高通、爱立信垄断。但一个国家的通信技术是不可或缺的，从零开始，硬着头皮也要干。从3G时代，中国就已经开始了自主研发，也就是TD-SCDMA，但是技术上的差距，跟别人也根本不是一个档次。到了4G时代，中国通信企业慢慢开始有点进步了，TD-LTE技术的突破，使得中国通信技术第一次在世界上有了话语权。但是差距是硬伤，虽然规模已经有了，但是在通信上的核心技术却依旧不能自主研发。依旧

>> 华为精神
通信巨头高效成长的文化密码

依靠引进国外的核心技术,核心长码编码Turbo码和短码咬尾卷积码,都不是中国原创的技术。

编码和调制是无线通信技术中最核心最深奥的部分,被称为顶级的通信技术,体现着一个国家在通信科学基础理论的整体实力,更决定着在通信领域是否拥有最高话语权。

美国高通之所以横行霸道,是因为高通目前在无线通信技术领域的实力非常强大,全世界在通信领域的公司都惧怕高通,特别是国产厂商几乎都要看其脸色。今天,它高兴了给你专利用,明天不高兴了,控告你侵权,索取额外专利费的事情时常发生。

在移动互联网时代,通信技术更是重中之重,这也刺激了中国企业励志改变这一格局的决心。华为的崛起,肩负了起攻城拔寨的责任。错过了2G、3G、4G时代,5G时代必须要赶超国外巨头。

现在,华为5G控制信道eMBB场景编码终于在核心技术上突破了高通垄断的局面!这也是中国通信核心技术第一次占领制高点,这是中国通信历史上重要的一笔。

华为从一直以来追随者的姿态,首次成为领头羊,进入"无人区"。华为的未来该怎么办?没有了前人指路,没有借鉴的经验,所有的一切都必须依靠自己去创造。

虽然华为拿下了eMBB场景编码的解决方案,但并不意味着华为就完胜高通,也不意味着中国在通信技术领域已高居美国之上。

据媒体报道,美国时间11月17日凌晨,在3GPPRAN187次会议关于5G短码方案的讨论中,中国华为推荐的Polar Code信道编码方案脱颖而出,成为5G短码控制信道的最终解决方案。而短码的数据信道编码方案则采用

第四章
华为人的今天：谁说大象不能跳舞

了美国高通主推的 LDPC 码。

在通信行业，占据通信行业金字塔顶尖的不是设备制造能力、商用能力，而是标准制定能力。互联网断代史标准之争历来是大国利益的诉求和博弈。当初制定 3G 标准时，美韩主导 CDMA2000，欧洲推 WCDMA，双方争执不休，让中国 TD-SCDMA 乘虚而入，成为 3G 标准之一。制定 4G 标准时，高通和 Intel 鹬蚌相争，导致美国倡导的两个标准都没能成行，如今，华为夺得 5G 控制信道 eMBB 场景编码最终解决方案话语权，意义重大。以 5G 为代表的新一代信息技术是引发新一轮产业变革的核心动力，将对制造业升级产生重大影响。预计 5G 将在 2020 年正式商用，未来将成为连接所有行业和生态圈的底层基础设施。5G 信号则是未来万物互联的重要基础，峰值速率达到 20G bps，每平方公里可链接数超过 100 万，链接延时仅 1 毫秒。这样的速度和接入能力足以满足未来汽车、无人机、机器人等智能终端的技术需求。

最新统计表明，中国制定 5G 标准有市场优势。中国的手机用户数量已超过 12.5 亿人，占到全球约 35 亿手机用户总数的三分之一。如此庞大的用户基数，意味着中国企业掌握何种技术标准，将在很大程度上影响全球技术标准格局。中国市场带来的变量和增量，正在随着 5G 进程逐步放大。

首先，此次华为拥有的 eMBB 不过是 5G 应用的其中一个场景，另外两大场景为 URLLC 和 mMTC。其中，eMBB 对应 3D/超高清视频等大流量移动宽带业务，URLLC 对应无人驾驶、工业自动化等业务，而 mMTC 对应大规模物联网业务。在 eMBB 之后，还将决定 URLLC 和 mMTC 的场景编码。

而在 eMBB 场景上，华为研发的 Polar 码为信令信道编码方案，高通研发的 LDPC 码为数据信道编码方案，二者平分秋色。在物联网信道连接上，

>> **华为精神**
通信巨头高效成长的文化密码

中兴提出了MUSA多址接入技术或许也将在明年进行讨论。高通和中兴都对华为构成威胁,单项胜利更不能说明华为一骑绝尘遥遥领先。

其次,是标准话语权背后的国家力量。国际电信联盟倾向以推动一个单一的5G标准为目标,但市场发展既快又大,5G标准不仅是技术层面的争夺,背后还有政治上的博弈、经济上的竞争、国家间的较量。最后如果无法达成共识,也有可能形成多个标准。

对中国企业来说,或许更大的难题是,无论多个标准还是一个标准,中国企业需要加强在全球产业分工中的话语权。中国在拼抢5G标准话语权上一定要汲取欧美的教训,首先内部要统一行动。

5G时代,以华为、中兴为代表的中国军团已提前布局,但中国通信业要在全球5G时代占有一席之地,仍需要依靠整个产业链相关企业和组织的协同发展,才能最终分享5G大餐。华为要与同胞兄弟中兴有所合作,共同应对国际通信行业对手。

再次,3G、4G还在运营,5G只代表未来。预计全球5G商用要到2020年才能全面铺开,在此之间,还是3G、4G当家。尽管华为力推的Polar编码已获得肯定,但是在5G时代到来之前,高通所掌握的3G、4G核心技术依然在市场发挥重要作用。从运营商角度出发,做5G的同时也不可能完全放弃3G、4G,还要用高通专利。在5G商用全面布局之前,华为与高通等国际通信行业竞争对手,还有一搏。

第五章

华为的责任
做世界的华为

························

华为明确并持续聚焦可持续发展四大战略：消除数字鸿沟、为网络稳定安全运行提供保障支持、推进绿色环保、实现共同发展。以"构建优秀的可持续发展管理体系，坚持道德和合规经营，持续加强利益相关方的沟通，促进和谐商业生态环境，确保公司可持续发展，回报客户和社会"为可持续发展使命。

第五章
华为的责任：做世界的华为

"床垫文化"需要随时代进阶

> 与西方友商相比，在全球化管理体系的成熟度上，在管理者自身经验和能力上，我们仍然有着明显的差距。我们从青纱帐里出来，还来不及取下头上包着的白毛巾，一下子就跨过了太平洋；腰间还挂着地雷，手里提着盒子炮，一下子就掉进了TURNKEY工程的大窟窿里。
>
> ——摘自2007年《任正非谈国际化经营》

2006年，年仅25岁的华为员工胡新宇因工作任务紧迫持续加班近1个月，导致过度劳累，全身多个器官衰竭而死。

2007年7月，华为员工张锐在深圳梅林某小区楼道内自缢身亡，年仅26岁。进入华为只有60多天的他，生前曾多次向亲人表示工作压力太大，并两度想要辞职。

2007年8月，华为公司长春办事处一名赵姓员工跳楼自杀。据说该员工跳楼时，办事处正在做所谓的培训，这种培训"每周至少一次，都是在周末，强制参加，不参加的会受处罚"。而他临终前接的电话极有可能是其主管张某打来的，张某因赵某未参加培训，在电话中严厉批评赵某，以至

华为精神
通信巨头高效成长的文化密码

其过分激动,最终跳楼自杀。

2007年10月,华为近5100名员工辞职再竞争上岗,100多人未能续约,华为为此付出10亿元的补偿金。这个安排在新劳动合同法实施前夕的"辞职门"事件,被媒体不断放大,炒得沸沸扬扬。

2008年2月,华为成都研究所一男性员工跳楼自杀。据说这名员工因炒股而欠下巨额债务,而且其所在的项目小组可能被华为裁撤,工作生活压力过大。

2008年3月,华为公司深圳坂田研发基地科研中心F2餐厅,36岁的张立国跳楼自杀。

……

这一时期,华为频频爆出负面信息。华为的管理机制、用人制度、教育体制、企业文化、员工工作压力和心理健康状况等问题,受到媒体和社会的质疑。

任正非在写给员工的一封信《要快乐地度过充满困难的一生》中表达了他的担忧:"华为不断地有员工自杀与自残,而且员工中患忧郁症、焦虑症的不断增多,令人十分担心。有什么办法可以让员工积极、开放、正派地面对人生?"

看看景山公园里兴高采烈锻炼的老年人,也曾经有过苦难经历的任正非很难理解为什么现在的年轻人会如此轻而易举地结束自己的生命。任正非多次谈到,当初是"误入了竞争特别激烈的通信行业"。创业初期,在极大的创业压力面前,任正非立下誓言:"处在民族通信工业生死存亡的关头,我们要竭尽全力,在公平竞争中自下而上发展,决不后退、低头","不被那些实力雄厚的公司打倒","十年之后,世界通信行业三分天下,华为将

第五章
华为的责任：做世界的华为

占一份"。

这个熟读毛选，经历了"三年自然灾害""文革"和部队洗礼的中年男人，在华为发展初期，对内纪律严格、奖惩分明、军事化管理，对外采取游击战术，抓住一切可以抓住的市场机会，反应敏捷，不给对手喘气的机会，像狼群一样在残酷的市场环境下艰难求生存。

华为在创业初期的"床垫文化"因此而来。当时，几乎每个开发人员都有一张床垫。午休时，席地而卧；加班晚了不回家，与垫相伴。累了睡，醒了爬起来再干，一张床垫相当于半个家。

这样的管理方式造就了华为当时的辉煌。从华为成立至21世纪初的短短10多年时间，这个曾经名不见经传的民营企业奇迹般地快速增长，一路高歌猛进，横扫国内市场，并杀出国外，在国际市场站稳了脚跟。2008年，华为的全球销售收入达183亿美元，在规模达300亿美元的欧洲电信设备市场上，华为获得了30亿美元订单，拿下了德国电信、西班牙电信、英国电信、法国电信、沃达丰、意大利电信、荷兰皇家电信等欧洲重要的运营商。

但是，这一时期却出现了当时还不太被人们认知的"过劳死""抑郁症""辞职门"等。人们纷纷质疑："华为到底有没有履行应尽的社会责任？"

其实，以2008年为例，华为当年上缴税收达120亿元，累计上缴各项税收已达525亿元，可以说已是中国众多企业的标杆了。而且，华为无论在员工个人事业发展、工资待遇，还是平时食宿、生活福利等方面，也优于国内很多知名的大企业，更是一般中小企业不可比拟的。

权利和责任是对等的。企业的社会责任是指企业在创造商业利润的同时，还要承担对员工、消费者、社会和环境的相应的责任。企业的社会责

华为精神
通信巨头高效成长的文化密码

任要求企业必须超越把利润作为唯一目标的传统理念,强调要在生产过程中对人的价值的关注,强调对环境、消费者、对社会的贡献。它是企业通向可持续发展的重要途径,符合社会整体对企业的合理期望。有什么样的社会责任就会产生什么样的企业文化,同时派生出什么样的企业价值观、企业经营之道、企业精神、企业形象和企业核心经营管理理念。

所以,在评价华为社会责任的时候,应该思考的问题是,华为,作为一个颇具社会影响力的知名企业,它所履行的社会责任是否和社会期望匹配?

另一方面,中国企业过去高利润、高增长的辉煌是建立在原材料价格低、劳动力廉价等基础之上的。而 21 世纪的到来,随着人力资源成本不断增长、国际市场价格回落、原材料价格的攀升,凭借资源和劳动力等低成本优势而高速增长的途径已经不可持续。

而且,过去 20 年高速增长的中国经济不仅牺牲了一代人的青春和家庭生活,也同样孕育出富裕的下一代。中国的企业家发现,80 后员工越来越多了。他们和父辈们有所不同,更注重生活的幸福感和是否实现个人价值。所以,华为如果还像以前那样只关注对商业结果的追求,还能走多远?

英国电信对华为的考核中,内容细到"员工宿舍安全、员工工资是否符合劳动法、产品环保认证"等方面。进入 21 世纪的华为,在国际市场的历练中,逐渐意识到了自己不容忽视的短板。跨国公司对产品背后的"人和环境"的关注,督促着华为在从"土狼"军团逐渐向现代化规范企业管理模式迈进的时候,开始重新思考企业社会责任问题。

第五章
华为的责任：做世界的华为

消除数字鸿沟，共建全联接世界

> 联接未来，是华为的可持续发展梦想。我们用沟通联接没有数字鸿沟的未来；我们用责任联接网络安全稳定的未来；我们用创新联接绿色环保的未来；我们用关爱联接人人幸福的未来；我们用梦想联接社会和谐的未来；我们用合作联接产业共赢的未来。华为愿与各方携手，建设和谐商业生态环境，共建美好的全联接世界。
>
> ——摘自2014年《华为可持续发展报告》

世界银行的报告显示，发展中国家的宽带普及率每提高10%，GDP将增长1.38%。近10多年来，利用在通信领域的专业技术和经验，华为一直致力于消除数字鸿沟，并把此列为华为的企业社会责任战略之一。

这与华为的核心战略——管道战略高度匹配。管道是指面向技术视角、产业视角的信息管道体系，这个体系构筑了一个完整的从信息产生到汇聚、传输、交换，最终形成信息太平洋的信息管道载体。

面对即将到来的数字洪水时代，华为宣称，通过提升管道容量、增强管道能力、优化管道管理，使管道越来越宽，实现"宽带处处可及"，促进"宽带无处不在"，将极大地丰富人们的沟通与生活，提升工作效率。

>> **华为精神**
通信巨头高效成长的文化密码

推动通信和网络普及

华为通过创新的技术和客户化解决方案,协助世界各地建设通信网络。包括很多欠发达地区和地理环境条件恶劣的地区。华为因地制宜,为当地运营商提供切实可行的解决方案,让不同地区的人们平等地接入到信息社会,借助现代通信手段提升生活质量,甚至改变自己的命运。

在巴基斯坦南部,有一个名叫Theri Mirwah的村庄,地理位置偏僻,网络覆盖密度低,网络质量较差。2008年,华为充分利用当地日照充足的优势,为TheriMirwah量身定做了一套使用太阳能基站的"乡村连接方案",完美地克服了传统基站覆盖高成本的问题。该项目耗时两个月,华为员工们顶着高温酷暑,终于建设完成了巴基斯坦第一个太阳能基站,不仅大大降低了运营成本,还显著改善了网络覆盖质量。

在世界最北端的城市朗伊尔城,位于挪威大陆与北极之间的斯瓦尔巴特群岛。2011年,华为员工克服了零下45度的严寒和极夜的漫长黑暗,基站传输时间延长、地理位置偏远等困难,在一个月的时间内,和T运营商完成了斯瓦尔巴特群岛上所有5个UMTS/LTE站点的割接,以及一个全新站点的建设。斯瓦尔巴特群岛的LTE网络于2012年3月正式开通。挪威主流媒体报道了此次在世界最北端的北纬78°13″建成的LTE网络。LTE的成功部署,让世界最北端的居民和到访游客都能享受到优质的移动宽带。

为支持2008北京奥运圣火传递活动,保证各类游览登山活动的安全,华为与西藏移动等合作伙伴共同克服了天气、运输等巨大困难,在2007年底,联手建设了一条直达珠穆朗玛峰大本营的"天路",实现珠穆朗玛峰全部登山营地和所有登山路线移动网络全覆盖,将通信网络盲点"世界之巅"

第五章
华为的责任：做世界的华为

与世界相连。位于珠穆朗玛峰大本营的华为 GSM 基站已经平稳运行多年，为众多慕名前来饱览"世界屋脊"风光的游客和登山爱好者提供宝贵的通信服务。2013 年 7 月初，华为在珠穆朗玛峰海拔约 5200 米以上的地方，建立了全球首个最高 4G 网络发射塔，该塔采用移动 TDD-LTE 技术，是首个在珠峰地区最高的 4G 网络发射塔。华为站在高冷的珠峰上，做出了最温暖的承诺。

缅甸，这个亚洲最后一批未被开发的电信市场之一，复杂的地形和气候条件给网络部署带来了极大的挑战。为了满足缅甸的通讯需求，华为使用了 20 种基站塔设计方案、7 种无线解决方案、18 种能源发电设备及 26 种微波解决方案，经过 26 个月艰苦卓绝的努力，完成了项目交付，让缅甸 1300 万当地居民第一次进入了网络的世界。

后来，华为还与仰光理工大学在仰光开设了缅甸第一家华为信息与网络技术学院（HAINA）。帮助缅甸培养技术人才。这已经是华为在全球成立的第 147 个 HAINA。此外，华为还通过财务方案（如企业捐赠等）帮助缺乏资金的当地政府和运营商发展电信网络。

2014 年，华为携手运营商 Zain 和联合国教科文组织，帮助南苏丹的学校接入互联网。在三方的共同努力下，一期项目覆盖四所学校的 3000 多名学生首次接入了互联网。华为给每所学校提供了电脑和座椅，翻新了电脑实验室，还对学校职工进行了电脑知识的培训。在华为的技术支持下，学生们参与到了联合国教科文组织的"联合学校网络项目"中，实现与邻国学生之间开展的跨区域学习、互动和交流中。

2008 年，华为启动"未来种子"项目，与全球范围内各运营所在地教育机构合作，旨在帮助培养本地信息和通信技术人才，推动知识迁移，提

> **华为精神**
> 通信巨头高效成长的文化密码

升人们对于电信行业的了解和兴趣,并鼓励各国家及地区参与到建立数字化社区的工作中。"未来种子"项目是华为在全球投入最大,并将长期持续投入的CSR活动。

截至2019年上半年,华为已在110个国家和国际组织撒下希望的种子,全球400多所高校的数万名学生从中受益,其中有数千名来自全球各地的优秀大学生来到华为总部参观和学习。

建立职业认证体系

华为认证解决方案部部长王晓斐曾说过:对于ICT[①]人才的培养,最理想的模式是院校教育与职业培训及认证相结合。对于在校学生,将产业相关知识与技能培养前移,深化校企合作,提高学生就业质量;而在职业培训方面,则紧跟行业发展趋势,加强前沿技术及ICT技术融合的人才培养。

2011年,华为正式推出CT及ICT融合领域的技术认证——华为认证体系,该认证体系也成为业界唯一覆盖全技术领域的认证体系,包括:路由交换、无线、云计算、安全等11个技术领域。在每个领域,华为都提供工程师、资深工程师、专家级的进阶技术认证。

华为职业认证遵循华为ADDIE开发流程,匹配ISO17024认证国际标准,以岗位素质模型为基础,在大量调研及分析的基础上,基于ICT人才的职业生命周期设计,提供三层进阶认证模式的能力提升方案,满足从新员工到技术专家的不同需求,帮助大学生领先一步进入职场,进而成长为ICT行业综合型技术人才。

---

① ICT是信息、通信和技术三个英文单词的词头组合(Information Communications Technology,简称ICT)。

第五章
华为的责任：做世界的华为

华为针对在校学生推出教育合作计划，与院校及其他教育机构在课程、学生培训及认证领域不断加强合作，还为部分学生提供华为认证数据通信工程师（HCDA）认证的免费培训机会，受到在校学生的热烈欢迎。培训中心总部设在中国深圳，在北京、杭州、昆明、南京等地设有多个培训分部，并在马来西亚、日本、澳大利亚、俄罗斯、英国、埃及、沙特、肯尼亚、巴西、美国等全球的多个国家和地区建有培训分支机构。

华为认为，ICT能力能为年轻人创造机会，职业教育是实现可持续发展的关键。2013年，华为启动全球ICT能力培训项目——华为信息与网络技术学院（HAINA）。该项目为非盈利性质，旨在帮助全球的大学和继续教育学院向学生提供的包括路由与交换机、安全、WLAN、云、存储以及大数据等六类华为认证课程。

目前项目覆盖了英国爱丁堡纳皮尔大学、巴西圣保罗大学、南非约翰内斯堡大学、上海交通大学等多家大学和教育机构，已有来自32个国家和地区的超过20000名学生参加了该项目，其中8000多名学生通过了认证，拓宽了职业生涯。

2016年起，华为还启动了新的年度ICT技能竞赛，12000多名来自7个国家HAINA学院和中国多家受邀大学的学生参加了竞赛。今天的ICT系统由过去的支撑系统向驱动价值创造的生产系统转变。联接，已经成为继土地、劳动力、资本、技术之后新的生产要素。

在2014年发布的《全球联接指数：共建全联接世界》报告中，华为发现政府、行业、企业和消费者在理解、发展和使用技术方面存在着差距。华为通过不断地技术创新和推进技术应用，以期为社会做出更大贡献。

华为积极推动ICT技术在政府、公共、交通、能源等领域的应用，远

>> **华为精神**
通信巨头高效成长的文化密码

程医疗、在线教育、高清会议等技术的应用和普及,大大提高了资源使用效率,降低了资源消耗,推进社会可持续发展进程。

新疆克拉玛依市位于中国西北边陲,地处偏远,市民希望享有和大城市相同的一流医疗服务,解决看病难的问题,节省外出就诊时间,提高就诊效率。为此,华为推出了远程医疗解决方案。方案在智真系统基础上实现了与主流厂家的医疗仪器及医院信息系统的无缝对接,实时对病人的数据进行采集、传送与共享,应用于专家远程会诊、应急救护、家庭监护等多种场景,有效解决人们的多种医疗需求。

华为在克拉玛依建设的远程医疗平台覆盖该市的 4 家医院,近 100 个科室,以及 11 个社区卫生服务中心和乡镇卫生所。该平台外部连接北京、上海、武汉等多个大城市的多家协作医院,可以将新疆本地的医疗资源往下级医院覆盖,也可以灵活引入新疆之外的多家医院,将远程会诊直接做到一对一的科室级会诊,使内外医疗资源得到最优化利用。

目前,华为的产品和解决方案已经服务全球 170 多个国家和地区近 30 亿人口。

全力保障网络稳定运行

保障客户网络稳定运行是华为最重要的社会责任。

华为从产品设计、解决方案、网络保障体系等方面构筑全方位的保障体系,并建立了高效的应急机制,在危机时刻(地震、海啸、动乱、战争、网络攻击等)支撑客户网络的快速恢复和通信畅通,让人们能获得稳定的通信服务,保障生命和财产安全。

华为全球范围内设有 3 个全球技术支持中心、9 个区域技术支持中心、9

第五章
华为的责任：做世界的华为

个全球备件运作中心和5个全球备件供应中心，超过3900名技术支持工程师365天不间断为客户提供7×24小时的技术支持服务，有力保障着全球近30亿人口通信畅通，支撑着170多个国家和地区1500多张网络稳定运行。

2011年，任正非签署并发布了网络安全保障政策。华为承诺：将构筑并全面实施端到端的全球网络安全保障体系作为公司的重要发展战略之一，在遵从所有适用的国家和地区网络安全法规、国际电信标准和参考行业最佳实践的基础上，从政策、组织、流程、管理、技术和规范等方面建立和完善可持续、可信赖的安全保障体系，并与有关政府、客户及行业伙伴以开放和透明的方式，共同应对安全方面的挑战，全面满足客户的网络安全需求，将公司对网络和业务安全性保障的责任置于公司的商业利益之上。

现代世界一旦通信网络瘫痪，可能会导致非常严重的社会和经济后果。在一些重大自然灾害和危机时刻，网络联接的分秒之差都可能是生与死的考验。

2008年5月12日，中国四川汶川发生特大地震，震区遭到严重破坏，通信中断，很多灾情严重的县、镇、乡成为"信息孤岛"。灾情就是命令，抢通就是抢救生命。华为组成数百人的专家队伍，从全国各地迅速汇聚到救灾前线，冒着余震、泥石流等困难和危险，全力投入通信抢通恢复工作，为灾区搭起一条震不垮的通信生命线。

2012年，日本福岛地震。因为核电站发生核泄漏，当地居民已经纷纷离开福岛。而华为在日本的员工却穿戴防辐射设备，毅然前往福岛整修通信设备。2013年起，华为持续向日本地震受灾地区儿童教育活动进行捐赠。

2016年，厄瓜多尔Muisne地区发生里氏7.8级强烈地震，震后一周内发生余震800多次，造成严重人员伤亡，这是该国近70年来最严重的地震。华

>> **华为精神**
　　通信巨头高效成长的文化密码

为派出直接参与抢险保障的员工近 300 人，有力保障了灾区通信覆盖。

　　2016 年 G20 峰会期间，三大运营商 24 个重点区域、6 条重点交通线路、1.1 万条传输专线、1.3 万国际漫游用户、86.8 万 IPTV 直播用户、VoLTE、FDD/TDD、OTT 等成功经历了大会期间的检验，网络运行稳定，业务质量良好。华为网络以"零事故、零中断、零投诉"成功完成保障任务。

　　近年来，华为坚定不移地在网络保障方面加大投入，从组织、人员、流程及 IT 工具等方面，全方位构建突发事件应急预案管理体系，并建立了成熟的业务连续管理体系，包括地震、战争等突发紧急事件的应急预案。全力保障重大事件发生后，协助客户快速恢复和保障网络稳定运行。

　　网络安全是一个全球性的挑战。华为一直把网络安全作为公司的重要战略，从政策、组织、流程、管理、技术和规范等方面构筑并全面实施端到端的全球网络安全体系。

　　而且，华为一贯主张开放透明，并乐意通过全球多种平台，主动发出华为的声音，与客户、行业、政府、媒体等利益相关方分享、传播华为网络安全的立场和观点。

　　早在 2011 年，任正非就签署并发布了《关于构筑全球网络安全保障体系的声明》。声明中，华为承诺："将公司对网络和业务安全性保障的责任置于公司的商业利益之上。"

　　华为积极参加国际行业相关网络安全的研讨及项目。华为与英国、法国、德国、加拿大、丹麦、新西兰等各国政府、客户、行业等利益相关人持续交流华为网络安全战略方法和端到端保障体系，构建互信关系。2014 年，华为荣获马来西亚网络安全组织颁发的"年度最佳网络安全企业"大奖。

第五章
华为的责任：做世界的华为

在组织管理上，华为管理网络安全和隐私保护的最高组织是全球网络安全与用户隐私保护委员会。该组织由副董事长领导，成员包括主要的董事会成员，该组织已成熟运行多年。华为在所有相关业务单元均设置了网络安全与用户隐私办公室。

在员工管理上，华为持续加强公共基础和各业务领域网络安全意识教育、赋能和任职，最大限度减少故意和无意的破坏。华为颁布了《华为隐私保护总体体政策》，进一步明确业务部门、员工在处理个人数据时保护隐私的职责。"保护用户隐私和通信自由"已作为重要部分融入华为员工商业行为准则。

在业务流程上，华为持续构建并强化端到端网络安全保障体系。安全保障活动融入了研发、供应链、市场销售、工程交付及技术服务各个环节，并通过管理制度和技术规范来确保有效执行。华为通过内部审计和接受来自各国政府安全部门、第三方独立机构的安全认证和审计等，以监督和改进各项业务流程。

在研发领域，华为基于成熟的代码编译、配置管理、工具管理以及追溯性平台，安全工程能力稳步发展，产品安全用例自动化测试率持续提升，漏洞追溯能力和病毒自动查杀已达到业界领先水平，BSIMM评估成熟度各方面已普遍高于业界平均水平。华为在可信计算、产品运行态防篡改、匿名/脱敏隐私保护技术等关键安全技术上保持领先，并将它们转换成了产品的安全保障能力。

在安全技术标准方面，华为已成为领导者，有许多资深技术专家。2016年，华为在3GPPSA3通过安全提案154篇，在ETSI NFV通过60篇；在安全标准组织里，共获得17位主席或副主席席位。

>> **华为精神**
　　通信巨头高效成长的文化密码

　　华为的独立验证的方法，如英国安全认证中心模式、华为内部网络安全实验室模式、第三方安全验证模式，得到了很多政府和运营商客户的认可。华为的内部网络安全实验室在产品发布前对产品进行独立的安全评估，持续为客户进行安全把关。近几年来，安全问题密度值每年都在降低，2014至2016年所有安全问题密度平均值降幅为66%；外部测试安全问题数量也大幅降低，2014至2016年外部发现的平均问题数降幅为43%。

　　华为的整个供应体系也进行了端到端的安全管控。华为是唯一一个跟供应商签订安全协议的厂商，并通过提升供应商安全协议的遵从度和交付质量，推动供应商及时提供第三方软件漏洞的解决方案和修复补丁。

　　华为建立了一个成熟的体系追踪供应链里的组件，通过版本管控、逆向管理以及可追溯能力加强安全管理。已纳入配置管理的软件，自漏洞披露后，可在1小时内自动追溯到受影响的产品和客户（原时长10天）。

　　华为将继续从流程、BG、国家的不同维度开展内部独立的第三方网络安全与隐私保护审计，以确保公司所有的方法、要求都得到有效的实施及管理，及时发现风险，推动改进。

　　2018年10月，华为发布《华为AI安全白皮书》。该白皮书指出：人工智能应用的大规模普及和发展离不开安全性保证，AI的透明性和可解释性是安全的基础。

第五章
华为的责任：做世界的华为

让奋斗者得到及时合理的回报

> 不让雷锋穿破袜子，不让焦裕禄累出肝病……让奋斗者得到及时、合理的回报。
>
> ——任正非

华为一直提倡多元化员工队伍建设。来自不同国家，不同种族、不同民族的 18 万员工，共同组成了华为多元化的大家庭，海外员工本地化率达到 79% 以上。华为的员工来自全世界 163 个国家和地区，在中国，就有来自 39 个民族的员工。

任正非说，"不让雷锋穿破袜子，不让焦裕禄累出肝病""让奋斗者得到及时、合理的回报"。

2009 年开始，华为对人力资源架构进行了调整，启动了由功能型人力资源平台向更有利于员工发展的三支柱人力资源平台转型。2013 年，人力资源转型基本完成，从而为多元化的员工队伍提供了更合适的通道，以实现员工个人价值。

华为采用具备一定市场竞争力的薪酬体系，并与 Hay Group、Mercer 等顾问公司长期合作，定期开展薪酬数据调查，不断优化调整员工薪酬，保

> > **华为精神**
> 通信巨头高效成长的文化密码

证薪酬体系在市场竞争力和成本方面的平衡性。

华为推行全球员工TUP长期激励计划,让员工分享公司成长的收益。

在员工培养上,华为十分重视员工的成长与发展。华为的学习内容涵盖新员工文化与岗前培训、产品技术培训、岗位业务技能学习和各类关键岗位的管理与领导力发展项目等方方面面,全面满足员工从入职到成长为技术专家或者管理者的学习需求。华为强调在实战中学习,工作中成长。并通过战略预备队、iLearning学习平台、绩效考核与职业发展评估等方式,为员工提供充分平等的培训和晋升机会。

在内部沟通上,华为通过心声社区、总裁信箱、家庭日、公司内部刊物、开放日、工作外露会等多种方式,搭建畅通的内部沟通渠道。

在员工健康保障上,华为利用社会保障、商业保险及医疗救助构筑了员工"安全伞"保障体系。华为倡导"生命重于一切"的理念,与国际大型保险公司、紧急救援机构合作,在全球范围内为员工提供7×24小时的保障。2016年开始,华为还启动了健康中心建设,为员工提供一对一的健康咨询服务。目前,健康中心已覆盖7万名员工。近几年来,华为在员工保障上的投入逐年递增。仅2016年一年,华为在全球员工保障上的投入已达112.7亿元。

ICT行业,在自身运营以及项目施工、交付过程中,职业健康安全问题非常重要。华为设立了职业健康安全(EHS)委员会及各级EHS管理组织,在全球范围建立和实施职EHS管理体系,建立了公司级全球事故问责机制,系统地识别和控制危险源,预防职业病和工伤事故的发生,关键地区的职业安全管理体系已经通过的第三方认证,树立强有力的正向激励的安全文化。

第五章
华为的责任：做世界的华为

近年来，华为将OBD、Smart QC、无人机等先进工具及平台运用到EHS管理中，与运营所在地政府、工会积极合作，将EHS要求融入服务外包合同和采购框架供应商。2016年，华为在全球170个国家和地区及1000个大型交付项目中任命了EHS经理，向合作伙伴发放安全上岗证4.4万多张，华为百万工时伤害率为零，重大人身安全事件为零，有效保障了华为员工、分包商和其他相关合作方的健康安全。

诚信合规经营

华为和运营商一起，在全球建设了1500多张网络，帮助世界超过三分之一的人口实现了联接。华为的员工有18万多名，业务遍及全球170多个国家和地区。作为一家全球性企业，华为始终恪守商业道德，遵守国际公约和各国相关法律法规，坚持诚信经营和合规经营。

华为坚持诚信经营，对贿赂和腐败行为持"零容忍"态度。华为要求全球员工遵守《华为员工商业行为准则》，并每年进行全员培训；华为要求所有合作伙伴、供应商签署反贿赂诚信廉洁协议。

在贸易合规、网络安全等重大合规领域，华为建立了符合业界标准并经过第三方审计的合规遵从运作体系。

华为严格遵守全球各地适用的贸易法律法规，通过政策、组织、流程、系统工具等合规要求纳入各职能部门的业务中，建立了端到端的内部遵从制度（ICP），并在外部权威机构的评估审计中获得高度评价，有效地管控各业务单位的进出口管制风险。

华为尊重他人知识产权，始终以开放、积极友好的态度，遵守和运用国际知识产权规则，通过协商谈判、交叉许可、产品合作等多种途径解决知识产权问题。

华为通过外部顾问和公司法务部对全球合规体系建设、贸易合规、知识产权保护、反贿赂与反腐败、人力资源管理等各方面的合规事宜提供法律指导、识别、评估，遵从规则要求，协助各部门开展合规经营活动。

华为梳理并明确了合规管理与合规监督的责任界面及运作机制，在海外各主要国家设立合规官；大力推动海外各子公司合规体系建设，设立子公司监督型组织，推动公司在全球的合规经营。

目前，华为在97个国家和地区任命和培养了合规官，海外各子公司合规体系建设已具规模。在俄罗斯、英国等100多个运营地子公司已发布了《合规运营白皮书》。

构建绿色生态产业链

华为有着规模庞大的供应链合作伙伴。华为意识到，被动的可持续发展是成本，主动的可持续发展是效益。而进一步提升可持续发展水平，需要和客户、供应商乃至整个价值链合作，共同构筑高效的可持续发展管理模式。

近年来，华为与供应商紧密合作，共同加强供应链社会责任的持续改进，将绿色环保和可持续发展要求融入采购流程和供应商生命周期管理，确保用符合社会责任的方式生产产权，在全球客户中梳理华为供应链社会责任品牌和信心。

供应商绿色管理

第一，新供应商认证管理。华为对所有新供应商进行可持续发展体系认证，以评估供应商遵守法律法规和可持续发展协议的能力和水平。供应商认证经过三个阶段，分别由不同的部门完成，确保认证过程公平公正。

入围阶段：将可持续发展要求作为供应商引入的基本条件和门槛之一，提前排除不能达到准入门槛的供应商。

认证阶段：供应商现场审核，通过员工访谈、文件审核、现场检查和第三方信息检索等方法，评估供应商是否满足《供应商可持续发展协议》的要求。

认证评审阶段：专家组评审供应商现场审核结果，可持续发展有一票否决权，达不到准入标准的供应商不能通过认证。对于认证合格的供应商，华为要求其定期开展内部审核，确保持续改进。

2013—2016年，短短几年期间，已经累计有261家供应商通过了认证审核。

第二，供应商风险评级和审核。华为对供应商采取分级管理，确保其持续符合可持续发展要求。根据供应商所在的国家、产品或物料类别、潜在高风险制造流程、业务量和业务关系、可持续发展绩效、环境风险和风险管理体系等因素，对占采购金额90%的供应商进行年度综合评估，划分为高、中、低三个优先等级，确定重点关注供应商清单。

定期审核是供应商可持续发展管理的重要环节。通过审核，华为与供应商管理层评估其对可持续发展的重视程度和责任意识，探索问题根因，并采取相应措施避免类似问题再次发生。华为每年对高、中关注度供应商实施现场审核。

对于审核发现的问题，华为指导供应商采取CRCPE（Check, Root-cause, Correct, Prevent and Evaluate）五步法，开展根因分析，识别改善机会，并采取针对性的纠正和预防措施。同时，这些问题将被纳入供应商改善行动要求系统中（SCAR），持续跟进闭环。

第三，供应商绩效管理。华为每年根据供应商现场审核结果及改善情况评估其可持续发展绩效，绩效评估指标包括劳工标准、安全健康、环境保护、商业道德和管理体系等要素。供应商绩效分为A、B、C和D四个等级，分别代表优秀、良好、合格和不合格。2016年，华为对951家供应商进行了可持续发展绩效评估，绩效等级为A、B、C和D级的供应商数量分别为488、366、95和2。

华为将供应商可持续发展绩效结果与商务挂钩，在供应商选择、招标和组合管理等阶段使用。对于绩效表现好的供应商，在同等条件下提高采购份额，优先提供业务合作机会；对于绩效表现差的供应商，将减少采购份额或业务合作机会，限期整改，甚至可能取消合作关系。2016年有两家供应商因可持续发展原因被限制招标或降低份额。

第四，供应商能力建设。华为根据需要开展供应商培训和辅导，引导供应商将可持续发展纳入商业逻辑和业务战略，通过可持续发展降低业务风险，提升运作效率。同行企业相互对标，学习业界优秀实践。

2010年起，华为推行"供应商绿色伙伴认证"计划，该认证标准涵盖了绿色环保领域所有法规、指令、标准和要求。

2012年，华为启动了供应商节能减排试点项目。华为鼓励供应商开展能源审计，识别降低能源消耗和碳排放的机遇，对标行业优秀实践和商业案例，制定并落实节能减排计划。2015年，35家供应商参与节能减排项目，全年累计实现CO_2减排超过72000吨。为运营所在地国家和社区做出积极的社会贡献。

第五章
华为的责任：做世界的华为

2016年4月，华为与德国电信在深圳联合举办了主题为"通过企业社会责任和可持续发展创造商业价值"的研讨会。来自法国电信、通用电气等客户代表，道德贸易倡议（ETI）、社会责任国际（SAI）和国际电子联接协会（IPC）等国际组织的专家以及供应商代表共计40多人与会，共同探讨供应链可持续发展领域的挑战和机会，交流可持续发展洞察、经验和商业案例，承诺共同努力加速可持续发展实践。

扩大联合审核，提升供应链透明度

联合审核合作组织（Joint Audit Cooperation，JAC）是欧美主要电信运营商发起的供应链社会责任联合审核组织，参与JAC组织的13家运营商采取统一的标准，委托第三方审核机构进行供应商审核，共享审核结果，联合推动供应商改善，以减少重复审核，推动供应链快速改善。

2016年，华为提名8家供应商参与JAC联合审核，由第三方审核机构派出专家组进行现场审核。审核专家和客户对8家供应商的审核结果表示满意，尤其供应商将客户社会责任要求作为业务要求融入内部运作，通过社会责任改善提升了内部运作效率，提升客户和员工满意度。

2016年，华为与3家客户合作对10家供应商进行现场审核，与客户共享审核结果。与2家客户合作对10家供应商进行LABORLINK员工调研，通过移动技术改善供应链劳资沟通。与德国电信联合举办"供应链可持续发展研讨会"，邀请行业专家与客户和供应商探索供应链可持续发展的商业创新模式。

深化与政府和非政府组织合作

一些供应商往往因为规模小、技术资金能力有限等问题，无法开发出

>> **华为精神**
通信巨头高效成长的文化密码

有效的环境管理手段,这就需要采购商与供应商建立起能够面对环境问题的供应链伙伴关系,通过这个关系来共同提高环境意识和绩效。

为了探索实际可行的绿色供应链模式,2014年1月起,深圳市人居环境委员会选取华为作为试点,开展"深圳绿色供应链"试点项目,探索建立"政府指导、大企业采购牵引、中小企业改善环境"的政企合作新模式。该项目为期两年,分三个阶段进行。首先从华为一级供应商发展,然后是二级供应商,第三步是横向发展,号召更多大型采购商加入。

项目通过对华为供应商的信息收集、筛选、评估与考核等,组织一系列的研讨培训及专家现场技术辅导活动,交流行业中的先进环保技术,帮助华为供应商挖掘节能减排潜力,对主动实施污染防治设施升级改造的供应商,在资金扶持上给予倾斜。

同时,项目帮助华为公司完善企业的绿色采购基准,建立起一套完善的绿色供应链管理体系,让企业的环境管理模式从被动转变为主动,实现从原有末端治理的管理模式,转变为全生命周期管理模式,从产品的开发、生产、分销、使用及回收到废弃物管理等全过程实现环境友好。在此基础上,项目还委托第三方技术机构开展绿色供应链课题研究,总结华为试点经验,编写深圳版《绿色供应链指南》,为在全市推广绿色供应链项目提出指导性意见。

2015年,华为扩大了该项目试点范围,向供应链上游延伸,通过10家供应商分别邀请二级供应商参与;同时横向延伸,邀请9家大型企业及其供应商参与,构建起绿色供应链学习网络。通过工厂调研、专家培训、技术交流和经验分享等方式,引导供应商将环保要求纳入产品及其生产过程中。并鼓励同行企业相互对标,协助供应链上下游企业交流经验,学习业

第五章
华为的责任：做世界的华为

界优秀实践，探索低成本提升环保能力的新途径。

华为基于试点经验，提出了可持续的绿色供应链的"三角凳模型"，在2015年"绿色供应链试点项目"专家评审会上，专家们对华为提出的以市场导向的绿色供应链思路给予高度肯定。

另外，自2011年起，华为还参与了非政府组织公众环境研究中心（IPE）发起的"绿色选择"倡议，将该组织管理的全国企业环保表现数据库用于供应商可持续发展管理。

2014年开始，华为采用IPE提供的Ferret软件，定期检索465家主要供应商环境表现，推动供应商自我管理，跟进存在问题的供应商限期整改，并定期与IPE沟通检索结果和整改进度。

2015年，华为在IPE绿色供应链企业环境信息公开指数（CITI）排名第七名，国内企业中排第一名。

2016年，华为将公众环境研究中心（IPE）环保检索融入供应商审核工具和流程，定期检索500家重点供应商环境表现，发现15条环保违规记录，与IPE合作对10家供应商进行现场审核，确保限期整改达标。

深化行业合作

行业合作是构建可持续供应链的关键一环。与行业共同关注可持续发展机遇和挑战，通过行业组织开展跨界对话与合作等，保持一致认识，采取一致行动，共享资源，有利于形成合力，发挥杠杆效应，提升行业竞争力。

同时，华为也积极与学术机构合作，如德国洪堡大学、日本早稻田大学、中国北京大学、中国社科院等。

>> **华为精神**
　　通信巨头高效成长的文化密码

　　2014年，国际电子工业联接协会（IPC）委托华为和伟创力共同牵头制定IPC1401供应链可持续发展优秀实践指南。该指南将ISO26000列出的社会责任议题作为客户对产品及其生产过程的要求，融入采购流程，鼓励供应链上下游企业合作。

　　2015年，来自全球电子产业链的品牌厂商、OEM制造商和电子器件制造商、研究机构和行业协会的近150名专家志愿者参与IPC1401技术组活动。技术组先后在深圳、北京、上海和广州召开6次技术研讨会，华为作为核心成员参与中国信息通信行业社会责任标准制定，该标准将采用ISO9001质量管理体系的框架，将社会责任要求融入企业价值链运作，该标准已经于2016年发布。

第六章

任正非造就华为人的个性

任正非认为：如果没有经历童年的贫苦饥饿以及人生的挫折，就不可能取得有今天的成就。如果不艰苦奋斗，就不可能有今天的华为，华为最基本的使命就是活下去，任正非推崇的"狼性文化""人人股份制"，最终打造出了华为的核心价值观，即"以客户为中心，以奋斗者为本，长期坚持艰苦奋斗"。

第六章
任正非造就华为人的个性

苦难是一笔宝贵的精神财富

> 任何一个国家、任何一个民族,都必须把建设自己祖国的信心建立在信任自己的基础上,只能在独立自主的基础上,才会获得平等与尊重。
>
> ——任正非

华为是一家十分独特的企业,其分散的股权结构、出众的国际市场业绩以及对自身形象和战略的严密保护,使得华为罩上了神秘面纱。

2019年之前,任正非极少接受专访,但其独特的战略智慧和对华为组织文化的长期持续的建设,每每引起行业甚至全社会的广泛关注。因此,外界对于神秘的任正非本人十分好奇,总有人试图去揭开华为的这层面纱,想看看任正非到底是怎样一个人,才会让如今的华为有着这番令人敬畏的成就。

"天降将大任于斯人也,必先苦其心志,劳其筋骨,饿其体肤",任正非的人生经历正是这样。1944年出生的任正非,从小就经历了战争与贫困的折磨。任氏兄妹7个,加上父母共9人,生活全靠父母微薄的工资维持。在特殊的时代下,他们一家的生活也充满各种磨难,食不果腹,衣不遮体,

>> **华为精神**
通信巨头高效成长的文化密码

生活的艰辛以及心灵的磨难,成就了少年任正非隐忍坚定的性格。就像他自己曾经感慨:"我能真正理解活下去这句话的含义!"

大学毕业之后,任正非本可以凭借优秀的学业在专业的领域里一显身手,但他却毅然决然地选择从军。由于家庭的政治因素,任正非的从军之路也显得异常的艰辛,尽管自己无论是在技术上还是学业上都优于他人,发展始终受限,但他依旧没有放弃。也正是这份经历,成就了任正非淡泊名利、不求回报的奉献精神。

受到家庭的影响,受益于父母亲的教育,任正非从小就知道家庭的重要性,亲人的重要性,所以在从部队转业回家之后,任正非靠着自己对市场的敏锐度,紧随时代的潮流,开始南下经商,只是为了给家人一个更加安稳的生活。转业到深圳南油集团后,任正非在家庭和事业中都出现了不适应。他的夫人先他转业,已成为南油高管,他则在南油下属的亏损企业中运营连连失利。偏偏他又是个孝子,还要把父母与弟妹接到自己家里一起居住。

为了活下去,任正非只好硬着头皮自己创办公司。1987 年 9 月 15 日,43 岁的任正非集资 2.1 万元在深圳创立华为公司,从代理商到企业家,从 5 人团队到 18 万的大队伍,从农村市场到逐步占领海外市场,经过 30 年的艰苦奋斗,华为由一个小作坊成长为全球通信技术行业的领导者和世界 500 强前百强企业,业务遍布全球 170 多个国家和地区,2017 年销售收入达到 5200 亿元人民币,其中销售收入过半都来自海外市场,创造了世界企业发展史上的奇迹。

苦难是一笔宝贵的人生财富。穷困是有大作为的人的第一桶金,饥饿感就是一个人不竭的动力源。就像任正非自己认为:"如果没有经历童年的

第六章
任正非造就华为人的个性

贫苦饥饿以及人生的挫折,就不可能取得有今天的成就。如果不艰苦奋斗,就不可能有今天的华为,华为最基本的使命就是活下去。"任正非推崇"狼性文化""人人股份制",最终打造出了华为核心价值观,即"以客户为中心,以奋斗者为本,长期坚持艰苦奋斗"。

综观任正非这几年的各类演讲和讲话,能够明显感受到任正非自身的经历是他创业路上最为宝贵的一笔财富,他的很多创业想法都源于他的经历和生活。一个历经浮沉冷暖的人,从最低的山谷,走到了人生的巅峰,避开喧闹,看事、看人、看物都有了别样的视野。

他常常根据企业、市场、大环境的发展,不时抛出凝聚着深刻洞见和教益的美文,说公司、谈战略、话做人。他对华为人素质教育的建言、对"冬天"的忧患,以及对英雄主义的旷野呼喊,既能与一线员工保持共鸣,又能为广大公众所接受,在业界广为流传。

华为只有一个,任正非也只有一个,华为和任正非之间相辅相成。华为的成功固然离不开任正非,但是如果没有任正非,华为还是不是华为,这很难下定论。

>> **华为精神**
  通信巨头高效成长的文化密码

艰苦奋斗一直是华为人的品德

> 我们兄妹七个,加上父母共九人,全靠父母微薄的工资来生活,毫无其他来源。我经常看到妈妈月底就到处向人借3—5元钱度饥荒,而且常常走了几家都未必借到。我上大学时妈妈一次送我两件衬衣,我真想哭,因为,我有了,弟妹们就会更难了。我们家放粮食的柜子一直是敞开的,父母给予我们极大的信任,但是我从来没有偷偷从里面抓粮食吃,如果当时我偷吃了,弟弟妹妹可能有人会饿死。
>
> ——任正非《我的父亲母亲》

1944年,任正非出生于贵州安顺地区镇宁县一个贫困山区的小村庄,那个年代出生的任正非,从小就经历了战争与贫困的折磨。读过《我的父亲母亲》,或者曾经了解过任正非的成长故事的人,都能深刻地体会到,任正非的青少年时代是在极度贫困中度过的,家庭对他的性格形成产生了极大的影响,生活的艰辛以及心灵承受的磨难,成就了少年任正非隐忍与坚定的性格。

19岁的时候,任正非考上大学,还差一年毕业的时候,"文革"开始

第六章
任正非造就华为人的个性

了。父亲被批斗,关进牛棚,一关就是十年。父亲曾告诫任正非:"只有知识才能改变命运,中国的社会讲求的是'学而优则仕'。只有在知识上过强过硬,未来才有可能更体面地照顾弟弟妹妹,回报父母。"

正因为这句话,任正非更加勤奋地学习和钻研技术,从那个时候起,他就等待着有一天能够学以致用,创造更大的社会价值。后来,尽管局势动荡,他仍然能够凭借自己扎实的专业基础和强硬的技术功底在专业领域上拔得头筹。

20世纪80年代,经济建设成为国家发展的主流,一时间,人们把更多的时间和精力聚焦在经商企业上。而邓小平同志提出要裁减军队,要裁减非战斗部队,比如铁道兵和基建工程兵。任正非对这种变动并没有过大的心理波动,他是军中的技术骨干,怎么也不会成为首批被裁撤的对象,更何况部队早已有将他分配到一个军事科研基地的打算。

但想到这么多年两个孩子一直跟着自己随军调动,没过几天安稳日子,一旦自己再次随军调动,那对孩子是十分不负责任的行为。因此任正非一度陷入了两难的抉择,最后考虑到儿女的前途,他选择了脱下军装,转业。

1982年,他正式离开军队,紧随时潮流,将目光投向了广东深圳,进入了南海石油集团。凭借自己的业务经验和出色的业绩,他被分到集团下属的电子分公司。通过两年的努力,工作很快便有了起色,成为一名可以独当一面的经理。

看似波澜不惊的背后,其实隐藏着巨大的危机,一场来自商海的风险渐渐地向他靠近。因为一场意外的经济往来,毫无理财经验的任正非被一家贸易公司骗走了200万元。面对如此大的亏损,任正非在公司的地位岌岌可危,慢慢地,因为不适应市场经济和管理方法,公司开始不再重视他,

>> **华为精神**
通信巨头高效成长的文化密码

闲言碎语压得他难受，最终只好辞职。

再就业时，任正非也曾碰壁无数，困难重重，总是高不成低不就。他很快意识到单打独斗的弊端，必须联合一些志同道合的朋友，才能拼出一番天地，他打定了主意要创业。1987年，他找来了5位商海中结识的朋友，筹借了2.1万元，创办了一个名叫"华为"的公司。

任正非曾经说过："父亲希望我们珍惜时光，好好干。从牛棚中放出来，一恢复组织生活，都拼命地工作。他们不以物喜，不以己悲，不计荣辱，爱国爱党，忠于事业的精神值得我们这一代人、下一代人、下下一代人学习。生活中不可能没有挫折，但一个人奋斗的意志不能动摇。在父亲身上，我看到了对待挫折的勇气与倔强。"

如今的任正非早已成为整个通信行业的领军人物，华为也早已成为享誉世界的品牌。对于现在的任正非，外界对他抱有多种揣测和猜疑，认为他背后应该有一个强大的家庭背景在支撑和扶持他，甚至有人认为他是靠着军方势力发展至今。面对种种猜忌，多年来任正非本人从不做任何回应，很少接受采访。

直到最近几年，他才一点点地将家庭及创业故事剖析给外界。曾经有记者问过任正非为什么如此低调、如此神秘？任正非的回答是："我有啥神秘？也不是故意低调。我自己就只能看到前面，所以我说我最好还是少抛头露面。不是说我真的很了不起，我从来没有认为自己了不起。"此番回答恰巧验证了任正非的此段经历。他不愿意是解释一些不属实的猜忌，宁愿把时间花费在如何使企业发展得更强大一些。

事业上遭遇一次又一次的打击，他沉着冷静，面临困难时笑着迎战而非放弃，意志坚定，想法独到，这恰巧也是一位企业家身上具备的涵养，

第六章
任正非造就华为人的个性

创业初期的艰辛不放弃，功成名就后不张扬，从一个简单的生活侧面反映出任正非为人处世的性格。成功与自身所具备的素质分不开，当我们在羡慕任正非头顶上成功的光环时，更应该反思一下自身具备了哪些成功的素质。

>> **华为精神**
通信巨头高效成长的文化密码

思考失败才能达到成功

> 繁荣的背后充满着各种危机,而这些危机并不是繁荣本身的必然特性,而是处在繁荣包围中的人的危机意识。
>
> ——任正非《华为的冬天》

古人云:"福祸有所伏",成功固然重要,没有人不喜欢成功所带来的满足感和喜悦感,但却极少有人能够认识到成功之后所要面临的各种危机。而一个企业的发展和壮大,正是因为企业本身和企业领导人有易于常人的前瞻性和预见性。

华为就是这样的企业,任正非就是这样的企业领导人。

童年的艰苦生活,青年时期的动荡环境,影响了任正非的一生,把他历练成了一个生存力极强的人。父母坚强生活的样子,深深刻在了他的脑海里。父母在极度艰难的情景中表现出的坚韧不拔,让他懂得了生命的顽强。后来,不管是他去参军、创业、领导华为,他都把生存摆在第一位。

曾经的那段饥饿、穷苦不堪的岁月,使得任正非从小特别具有危机意识,并且有处事不惊的精神。

1987年,43岁的任正非创立华为公司,1988年任华为公司总裁。任正

第六章
任正非造就华为人的个性

非对员工们说,"我们首先得生存下去,生存下去的充分且必要条件是是否拥有市场,没有市场就没有规模。"

在强大的技术研发支持下,华为用十年时间成为国内通信业的佼佼者。华为不仅生存下来了,而且活得很精彩。但任正非在2001年发表的《华为的冬天》这篇文章的时候,每字每句都透露着危机意识,让看过的人心惊胆战。自此,"冬天"一词超越了季节,成为危机的代名词。很快,这篇文章在各行各业流传开来,掀起了一股学习华为的风潮。大家都用华为的危机思想提醒自己不忘奋进,这篇文章督促了众多的青年,虽然身处和平时代,但绝不能忘记奋进拼搏。于是,在任正非居安思危的精神领导下,华为在下一个十年,又取得了重大突破。

1995年,华为自主研制的C&C08数值程控交换机在经过两年的研发、实验和市场推广之后,终于在市场上取得了规模商用。华为的08机与巨龙的04机一起,成为中国广大农村通信市场的主流设备。

正当华为人为此欢欣鼓舞,对公司的发展前景满怀信心的时候,任正非很快便有了清醒的认识:由于全世界厂家都关注中国这块当前世界最大、发展最快的市场,因而拼死争夺,形成了中、外产品撞车,市场存在严重过剩的重大危机。大家拼命削价,投入恶性斗争,由于外国厂家有着巨大的经济实力,已占领了大部分中国市场,如果中国厂家仍然维持现在的分散经营,将会困难重重。

1996年,华为全年完成销售额26亿元,经过8年的奋战,华为正式进入企业的发展阶段。而此时,任正非却十分尖锐地提出:面对成功,华为人必须要有一种清醒的认识,否则成功带来的不是企业的繁荣,而是令人措手不及的危机。只有在思想上不断地进取才可能不会灭亡。

华为精神
通信巨头高效成长的文化密码

同样是1996年，华为市场部上至主要领导，下至区域办事处主任集体辞职。12年后，这一幕重演，并且辞职规模扩大至包括总裁任正非在内的所有工作满8年的员工。与上次一样，7000名员工在主动辞职后重新竞聘上岗。事情很快引起广泛关注，但是在华为内部，一切仍井然有序。辞职的员工绝大部分很快重新上岗，并且领到了数额可观的补偿金。对于他们来说，这笔资金之可观，已经能消弭对一定风险的担忧。

工龄归零，重新开始，华为以极其激烈的方式，再次给员工上了一堂企业文化课。还是那个任正非，一如以往的低调，一如以往不对外做任何评论，一如以往地不给自己和华为的数万员工任何懈怠的机会。这是任正非所创立的"狼性文化"，目的就是为了实现企业对市场的快速扩张，为了培养一批像狼一样有着市场敏锐度和不屈不挠精神、不进攻精神的奋斗群体，也正是这种狼人精神成就了现在的华为。

2007年，华为合同销售额160亿美元，其中海外销售额115亿美元，并且是当年中国国内电子行业营利和纳税第一。截至2008年底，华为在国际市场上覆盖100多个国家和地区，全球排名前50名的电信运营商中，已有45家使用华为的产品和服务。

2013年，华为成为全球最大电信设备供应商。2014年《财富》世界500强中华为排行全球第285位，与上年相比上升30位。2014年10月9日，Interbrand在纽约发布的"最佳全球品牌"排行榜中，华为以排名94的成绩出现在榜单之中，这也是中国大陆首个进入Interbrand Top100榜单的企业公司。

在这数十载的历程中，任正非没有放松过一刻。他的愿望始终没有改变，华为一定要坚强地生存下去。似乎他从来没有想过活得到底有多好，他只考虑强壮地活下去，不被人打垮。

第六章
任正非造就华为人的个性

2004年，华为排除万难，成功打败国外竞争对手，在荷兰打响了出海第一枪。随后，华为又在英国设立分公司，在欧洲市场苦苦打拼，赢得了行业的尊重。路途虽然艰辛，但都被顽强的华为人克服了。

然而，华为在美国市场遇到了始料未及的冲击。2002年华为还在德克萨斯州成立了子公司，名字叫Future Wei。子公司成立之时，正是华为进军海外市场强劲的时候。

与欧洲市场的战略一样，华为在美国也以低价优质的策略吸引客户。2002年6月，美国亚特兰大举行电信设备展，华为产品在美国市场首次正式亮相。华为展示的产品，其性能与美国通信巨头思科的产品相当，但价格却低20%~50%。

堪称"华尔街不败神话"的思科，嗅到了危险的气息，并发起了反击。2002年12月中旬，思科的全球副总裁从美国来到华为总部，正式向华为提出侵犯思科知识产权的问题。2003年1月24日，思科在美国德克萨斯州东区联邦法庭对华为侵权提起诉讼，诉状中的指控涉及专利、版权、不正当竞争、商业秘密等21项罪名，诉状长达77页。

这场诉讼一直到2004年7月末，双方才达成和解。可以说，这是华为涉足海外市场之后面临的最严酷的考验。最终，华为用技术实力证明了自己，渡过了一次危机。回忆这段往事时，任正非坦言自己压力巨大。他是这样说的：

"2002年，公司差点崩溃了。IT泡沫的破灭，公司内外矛盾的交集，我却无能为力控制这个公司，有半年时间都是噩梦，梦醒时常常哭。真的，不是公司的骨干们在茫茫黑暗中点燃自己的心，来照亮前进的路程，现在公司早已没有了。"

>> **华为精神**
通信巨头高效成长的文化密码

看到华为的骨干队伍不怕困难、不惧失败，发挥出强大的对抗力量，任正非比诉讼和解还开心。在这些磨砺之中，他把华为的员工都当成了自己的亲人。但是，在他心里，就算跨过了一道坎，还有下一道坎，任正非内心的危机感从来没有消退过。他老是说，华为总有一天是要沉淀的。现在华为是一个发展很快的公司，长江大浪推着走的时候，长江边上的沙子都洗得没有泥。但是，水流得非常慢的地方就充满了淤泥，下面同样是沙子。因为有了淤泥，水就流得更慢了，由于更慢了，就沉淀了很多淤泥。华为有一天也会充满了淤泥，那时华为就开始走向死亡了。

其实，从华为创立至今，任正非做的所有努力都只为了一个目标，为华为打造生存出路。所以我们看到，华为的制度和流程日趋完善成熟，支撑着华为的成长壮大。

任正非在《要从必然王国走向自由王国》一书中说，华为要逐步摆脱对技术的依赖、对人才的依赖、对资金的依赖，使企业从必然王国走向自由王国。也就是说，华为自身要成为一个打不垮的主体，就算人才、技术、资金遇到了困难，都要有对抗的能力。

在任正非心目中，华为就算再苦再难，也好过以前挨饿受冻、直面死亡的生活。他时刻警惕着华为垮掉的风险，一分一秒都不曾放松。在华为成长的路上，他预想了很多失败，他说，三代人之内，华为不说要进世界500强。这三代，不是说华为的三代领导者，而是华为垮了再起来，再垮、再起来的三代。

不求规模多么大，不求业绩多么辉煌，任正非对于华为只有一个期望，那就是长久地生存下去。这个看似简单的目标，其实是最难实现的。

从任正非的一些观点中，我们能够理解他的危机生存理念。他说，繁

第六章
任正非造就华为人的个性

荣的背后都充满着危机。这个危机不是繁荣本身的必然特性，而是处在繁荣包围中的人的意识。艰苦奋斗必然带来繁荣，繁荣以后不再艰苦奋斗，必然丢失繁荣。千古兴亡多少事，悠悠，不尽长江滚滚流。历史是一面镜子，它给了我们多么深刻的启示。忘却过去的艰苦奋斗，就意味着背弃了华为文化。

而作为管理者、掌舵人，任正非时刻都把自己置身于困境之中，没有丝毫松懈。他引用《战争论》中的一句话说：要在茫茫的黑暗中，发出生命的微光，带领着队伍走向胜利。战争打到一塌糊涂的时候，高级将领的作用是什么？就是要在看不清的茫茫黑暗中，用自己发出微光，带着你的队伍前进；就像希腊神话中的丹科一样把心拿出来燃烧，照亮后人前进的道路一样。

其实，所谓的危机意识，就像是把青蛙突然扔进开水里，沸水令青蛙的神经系统受到强烈刺激，青蛙在条件反射的作用下可以迅速跳出去。但是若把青蛙放在凉水里，让水温慢慢上升，青蛙便浑然不觉危险存在，怡然自得地游来游去，等到它感到热的时候，已经无力动弹，唯有坐以待毙。温水煮青蛙说明的是由于对渐变的适应性和习惯性，失去戒备而招致灾难的道理。突如其来的大敌当前往往让人做出意想不到的防御效果，然而面对安逸的环境往往会产生松懈，也是最致命的松懈，到死都还不知何故。

从1987年到2019年，32年，华为能够成长为如今这般规模，成为国内外知名企业，并非一帆风顺，其中所面临的危机是我们这些局外人很难想象的。

危机之下，负重前行。

>> **华为精神**
通信巨头高效成长的文化密码

"芭蕾脚"就是华为人的写照

> 我们除了比别人少喝咖啡,多干点儿活,其实我们不比别人有什么长处。就是因为我们起步太晚,我们成长的年限太短,积累的东西太少,我们得比别人多吃苦一点,所以我们这有一只是芭蕾脚,一只很烂的脚,我觉得就是华为的人,痛并快乐。
>
> ——2015年任正非达在沃斯论坛演讲

近几年,当所有人热衷于找风口、吹捧、试图将所有不可能变成可能的时候,华为做了两件让人十分敬畏的事情。2014年,华为推出"布衣院士"李小文的广告,并配文:华为坚持什么精神?就是真心向李小文学习。借助李小文院士埋头做学问,不为金钱、名誉所动的朴素、严谨、认真的治学精神,传递华为脚踏实地、认真做实业的精神内涵,在当下浮躁的社会风气中,一时让业界刮目相看,影响深远。

紧接着,2015年1月,华为"烂脚"的广告出现在世人面前。广告中,一只脚穿着优雅的芭蕾舞鞋光鲜亮丽,另一只脚却赤裸着,满是伤痕。美与丑、优雅与不堪,形成强烈的视觉冲击。配文:我们的人生,痛并快乐着。

第六章
任正非造就华为人的个性

是的,华为在广大消费者眼里是光鲜亮丽的,今天的华为,在外界看来是世界 500 强企业,是全球通信行业的领军者,行业巨头,是时代弄潮儿,是那只穿着舞鞋的脚,光鲜、优雅、美丽。但只有华为人自己知道光鲜背后是几十年的奋斗和艰辛,也只有任正非自己知道,创业 30 年来的不易和艰难。

华为用自己创业 30 年的历史证明了这一点。从当年艰难起步于深圳,从破釜沉舟研发 08 机,从迂回曲折进军海外市场,拿下一个个全球订单,到奋起直追,在智能手机领域做到国内第一,全球前三,这其中,有多少失败,多少泪水和汗水,如果没有坚持,哪有今天华为在全球 ICT 舞台上的闪耀。

而我们所能看到今天的华为,早已经是年收入过 7212 亿,利润达到 593 亿,全球前 50 家运营商,华为服务其中的 40 家,全球 500 强企业中,华为服务 106 家。而且,华为还摘取了全球专利申请冠军,5G 研发引领全球。多么光鲜的一只脚。

但如果看过华为的这则广告的人就会明白,人们其实更应该记住的,是那只伤痕累累的脚。

转过头来,我们再把目光投向那些在背后默默为华为耕耘的员工。众所周知,华为所推崇的是"狼文化",这种带有血腥味的生存模式,使得华为员工不断地努力奋斗。

一个新员工,从进公司的那一刻起,就已经踏入华为残酷的末位淘汰制度战场。它是结合岗位设定的绩效考核体系对员工时时刻刻进行的评定,一旦评级结果中本部门的员工排名靠后,便后进行"淘汰"(离职)。针对主动离职的员工,公司就会与之沟通商议,让他们进入 5% 的末位淘汰指标,如此一来他们便也可以拿到 N+1 的赔偿。

>> **华为精神**
通信巨头高效成长的文化密码

当然除了淘汰制，内部还有职阶制度，应届毕生生加入后是 13 级或 15 级（博士），一般 2 年一升，海外员工速度更快，工作 8~10 年左右基本都可以成为公司核心人员。到 34 岁时差不多就是 10 年，如果没达到通常的 17.8 级，还在 14.5 级别，这种人才可能被淘汰。

当然，许多华为的员工在入职一年后都必须与公司签署一份"员工奉献协议书"，在该"协议书"里，员工必须承诺。如若有需要，将自愿放弃休息机会，无偿为公司加班。

曾经有一位 2004 年入职的员工表示，当时上司告诉他，无论昼夜，电话必须保持随时畅通，因为"如果你进了华为，就没了个人生活"。像这样近乎残忍的工作模式在华为是算是冰山一角，这样的抱怨声也是能常常听见，尤其是新员工或是离职员工。但即便如此，在这 30 年里，仍然有 18 万人愿意留下来，和华为一起，和任正非一起，艰苦奋斗，共创未来。我们局外人总是不禁会问：为什么？也许是因为这些人认同这种文化和管理模式，或许下一个十年，就是他们实现人生价值的时刻。到那时就会知道，此刻的坚守和坚持是值得的！

就像任正非自己总结说："企业就是要发展一批狼，狼有三大特性，一是敏锐的嗅觉；二是不屈不挠、奋不顾身的进攻精神；三是群体奋斗。企业要扩张，必须有这三要素。"是这种狼性，让公司大多数员工的工位下面都放着被子以方便加班；也是这种狼性，让华为的海外扩张从俄罗斯的 38 美元的第一笔订单，到如今全年海外收入占总收入的 6 成。

任正非说："欲求安逸，为何还要出来工作？直接窝在家里不就七休了吗？若要图强，怎能贪图悠闲舒适？没有拼命的干劲怎能有精彩的结果？人，如果不趁年轻多努力，你有青春又如何？年轻是用来干吗的？挥霍？潇洒？都说年

第六章
任正非造就华为人的个性

轻就是资本,我想补充的是,只有奋斗,你的资本才有价值;只有告诉我们任何成功都没有捷径,只有艰苦的奋斗,不懈的努力。"

任正非曾经在一次演讲中这样说到了艰苦奋斗和华为精神的:

我们生命有七八十年,这七八十年中努力和不努力不一样,各方面都会不一样的。在产生美的结果的过程中,确实充满着痛苦。农夫要耕耘才会有收获;建筑工人不惧日晒雨淋,才会有城市的美好;没有炼钢工人在炉火旁熏烤,就没有你的潇洒美丽,没有你驾驶的汽车,而他们不再需要什么护肤品;海军陆战队员不进行艰苦顽强的训练,一登陆,就会命丧沙滩。少壮不努力,老大徒伤悲,我想各位考上大学,都脱了一层皮吧……所有一切,没有付出,是绝不会有收获的。

你选择了华为,你就选择了艰苦奋斗,因为我们这种没有背景的公司,活下去的唯一可能就是要比别人多努力一点,不然它不可能活下去。人要有进取心,要努力,要做出贡献,但是也要有满足感,自己的力量发挥到最大,就应对人生无愧无悔。

>> **华为精神**
通信巨头高效成长的文化密码

大舍才有大得

  我创建公司时设计了员工持股制度,通过利益分享,团结起员工,那时我还不懂期权制度,更不知道西方在这方面很发达,有多种形式的激励机制。仅凭自己过去的人生挫折,感悟到与员工分担责任,分享利益。创立之初我与我父亲相商过这种做法,结果得到他的大力支持,他在卅年代学过经济学。这种无意中插的花,竟然今天开放到如此鲜艳,成就华为的大事业。

——任正非《一江春水向东流》

  多数企业中,无论大小,股权分配一直都是比较敏感切困难的事情。创始人或者是公司最高决策人,为了保证自己在公司的决策权和绝对稳定的地位,在股份分配上一定是站在上风口,乃至最高位置。把最多的股份紧紧握在自己手里,才能让自己更加的踏实和安心。所以就有了很多"穷一群人而只富了一家人"的企业发展状态。

  即使社会的趋势如此,但还是有很多良心企业和企业家甘愿逆流而上,或许在同行的眼里,他们傻,但也正是他们这股子"傻劲儿"成就了让人羡慕的人生。

第六章
任正非造就华为人的个性

举个例子：无论是OPPO也好，VIVO也好，幕后都有一个同样的精神领袖和大老板，他叫段永平。段永平从人民大学研究生毕业后，到中山一家企业下面的亏损小厂当厂长，当时做的就是很多80后的童年回忆——小霸王游戏机。他亲自管理研发和营销两条线，没几年销售额就破10亿元了。当他提出想分点股份的时候，老板认为已经付了工资给他，凭什么还要给股份，一气之下，段永平带着骨干离开了，然后就有了步步高诞生。

小霸王的经历让段永平知道，家族式企业很难长久，必须让骨干员工们共同分享利益，这样才能让企业有持续的生机。步步高在2001年，就开始剥离事业部，成立了OPPO，旗下通讯事业部也独立发展了，就是今天的VIVO。段永平让大家入股，稀释自己的股份，主动将股权稀释到一两成，只占OPPO的大概一成股权，大概VIVO的不到两成，其他都是核心员工和老员工们所有。从股权关系上，没有控股股东出现了，段永平也不管经营，仅仅挂着董事长的名头，还作为旗下公司的"精神领袖"的角色。

大舍即是大得，愿意将利益分享给打拼的盟友们，还有跟随多年的代理商。所以无论面临什么"互联网思维"的冲击，这群骨干其实都是给自己干活，他们都是股东，挣了钱都一起分，离职率极低，大家都有血肉的感情，愿意一起与风暴中的大船共存亡。OPPO和VIVO一年几十亿利润，骨干们都拿着几千万百万的分红，这是段氏思维的红利：将自己的股权分光，让所有打拼的兄弟一起分享。

任正非曾经说过：华为过去的管理实行高度的中央集权，是有非常大的风险的，这个风险就是"人在阵地在，人亡阵地亡"。"我们不可能再把任何风险寄托在任何一个人的生命上"。

任正非小的时候，因为贫穷，父母亲当时把家里每餐实行严格分饭制，

>> **华为精神**
　　通信巨头高效成长的文化密码

以保证人人都能活下去。上高中的时候，家里还是两三人合用一条被子，破旧被单下面铺的是稻草。父母亲从小就格外的疼爱品学兼优任正非，经常将自己和弟妹的口粮里省出来给读书的任正非吃，而弟妹们也并没有因此而埋怨自己和父母亲。所以，亲人这种团结和无私奉献的精神从小就在任正非的心里留下了印记。

2011年12月，任正非在华为内部论坛发布了《一江春水向东流》这篇文章，揭开了一个华为崛起的重大秘密：人人股份制。

众所周知，任正非曾经公开表示过，在至少在未来的50年里，华为并没有要上市的打算，而是把98.6%的股权开放给员工，任正非本人只拥有公司1.4%的股权。而这些拥有不同股份的股东，除了不能表决、出售、拥有股票之外，可以享受分红与股票增值的利润。每年所赚取的净利，几乎是百分之百分配给股东。

这样一来，就等于是把公司的利益与员工的个人利益紧紧绑在一起。在华为，工作2至3年，就具备配股分红资格。在华为有"1+1+1"的说法，也就是工资、奖金、分红比例是相同的。随着年资与绩效增长，分红与奖金的比例将会大幅超过工资。通过利益分享团结起员工，这就是华为的"人人股份制"。当时任正非不懂期权制度，只是凭着过去的人生挫折，感悟到与员工分担责任、分享利益。而这种人性化的管理模式，也是华为留住人才和创收的一个重大举措。

正如柳传志曾撰文提道："和任正非一样，我们能以身作则地把企业利益放在个人利益的前面。追根溯源，是我们的父辈给我们打下了如何做人的基础。"

很多人都在质疑，实行这样的人人股份制，任正非是将自己的利益和

第六章
任正非造就华为人的个性

权利缩小化，那又是如何巩固自己在公司的决策权和地位的呢？

2004年，华为高层经过集体反思，确定了一条原则：干部任命实行一票否决制。2009年之后，又进一步实行"三权分立制"，用人部门有干部建议权和建议否决权，上级部门有评议权和审核权，道德遵从委员会有否决权和弹劾权。所以，任正非虽然稀释了自己的股权，但是作为华为现任领袖，他拥有公司所有决策的一票否决权。而且他一再向外界表示他从来都没有动用过这种否决权，而是更喜欢与公司高管进行磋商。

就像任正非曾经说："华为，并非一个人的奋斗故事，而是一群人，十几万人的群体合作、群体奋斗，只有利益共同体，才有命运共同体。"

孟子曰："君子之于物也，爱之而弗仁；于民也，仁之而弗亲。亲亲而仁民，仁民而爱物。"这句话恰好能够体现任正非待人接物的哲学。只有当你能够爱你的亲人时，才有可能推己及人地去仁爱员工；只有当你能够仁爱员工时，才有可能爱惜万物。

更何况，任正非把华为员工当成亲人去守护，对客户关怀备至，然后才是公司技术和规模发展。这个爱的次第，在华为是很清晰的。父母的无私奉献、仁慈、忍耐、勤劳节俭，给了任正非很多触动，使他在对人处事时形成了同样的习惯。他善于团结人、激励人，喜欢与人分享。他淡泊名利，深知钱财乃身外之物，践行"君子爱财，取之有道，用之有度，用之有益"的道理。

>> **华为精神**
　　通信巨头高效成长的文化密码

任式演讲：看清本质，直击灵魂

　　作为一个领袖，需要各种素质，演讲可能不是最重要的素质，但也应该是重要的素质之一。《论语》里讲："君子欲讷于言而敏于行。"并不是讲领袖们要木讷寡言，不善言辞，而是认为：君子的修养要尽力使自己做到话语谨慎，做事行动敏捷。

——任正非

　　成功的创业者总是使人羡慕、使人敬畏，无论是成功的经验还是失败的教训，都会被后辈人所膜拜，他们的言行举止都成了后辈人所希望学习和效仿的地方。渐渐地，就有很多成功人士开始将自己的经验和感悟以演讲的方式，传播给更多有需要的人。而这种方式似乎特别受到创业者们的推崇。

　　所以，领袖有魅力，才能影响人，感召人，演讲是领袖魅力的重要体现，民众追随领袖，很多情况下是通过领袖的演讲和演讲稿实现的。作为华为领袖，近几年，任正非正在一步一步走出自己低调的生活，慢慢地将自己的一些成功经验和失败教训分享给更多的人，很多人也因此受益。

　　任正非的演讲和分享，每次都让人有一种热血澎湃的感觉。他的演讲

第六章
任正非造就华为人的个性

气势宏大、聚焦力量、号召力强大、能够看见本质，且总能一针见血地指出问题所在。

在华为 2000 财年销售额达 220 亿元，利润以 29 亿元位居全国电子百强首位的时候，任正非仍然保持清醒的头脑，居安思危，大谈危机和失败。那一年，他发表了一则名为《华为的冬天》的演讲，言辞犀利，一针见血，直击很多创业者和领导者的内心。在当时来说对整个IT行业乃至整个管理界都影响深刻，受到了很多人的喜爱，广为流传。

许多公司的老总都向下属推荐阅读，有人认为这是任正非为IT业敲响的警钟，也有人说任正非是"作秀"，还有人猜测是华为在为人事变动制造舆论。通过这篇演讲，我们也能深刻地体会到他本人一直讲到的"危机意识"。"居安思危，思则有备，有备无患"，应对危机，应对竞争，应对冬天。

《华为的冬天》不只是针对华为，不只是针对IT业，而是针对所有人、所有企业。它讲述了一个"居安思危"的哲理，同时蕴涵着一个人或者一个企业要生存、要发展就需要变革、需要进步的道理。

公司所有员工是否考虑过，如果有一天，公司销售额下滑、利润下滑甚至会破产，我们怎么办？我们公司的太平时间太长了，在和平时期升的官太多了，这也许就是我们的灾难。泰坦尼克号也是在一片欢呼声中出的海。而且我相信，这一天一定会到来。面对这样的未来，我们怎样来处理，我们是不是思考过。我们好多员工盲目自豪，盲目乐观，如果想过的人太少，也许就快来临了。居安思危，不是危言耸听。

我到德国考察时，看到第二次世界大战后德国恢复得这么快，当时很

>> **华为精神**
  通信巨头高效成长的文化密码

感动。他们当时的工人团结起来，提出要降工资，不增工资，从而加快经济建设，所以战后德国经济增长很快。如果华为公司真的危机到来了，是不是员工工资减一半，大家靠一点白菜、南瓜过日子，就能行？或者我们就裁掉一半人是否就能救公司。如果是这样就行的话，危险就不危险了。因为，危险一过去，我们可以逐步将工资补回来。或者销售增长，将被迫裁掉的人请回来。这算不了什么危机。如果两者同时都进行，都不能挽救公司，想过没有。

十年来我天天思考的都是失败，对成功视而不见，也没有什么荣誉感、自豪感，而是危机感。也许是这样才存活了十年。我们大家要一起来想，怎样才能活下去，也许才能存活得久一些。失败这一天是一定会到来，大家要准备迎接，这是我从不动摇的看法，这是历史规律。

目前情况下，我认为我们公司从上到下，还没有真正认识到危机，那么当危机来临的时刻，我们可能是措手不及的。我们是不是已经麻木，是不是头脑里已经没有危机这根弦了，是不是已经没有自我批判能力或者已经很少了。那么，如果四面出现危机时，那我们可能是真没有办法了。那我们只能说"你们别罢工了，我们本来就准备不上班了，快关了机器，还能省点电"。如果我们现在不能研究出现危机时的应对方法和措施来，我们就不可能持续活下去。

我们一定要居安思危，一定要看到可能要出现的危机。大家知道，有个是世界上第一流的公司，确实了不起，但去年说下来就下来了，眨眼之间这个公司就几乎崩溃了。当然，他们有很好的基础研究，有良好的技术储备，他们还能东山再起。最多这两年衰退一下，过两年又会世界领先。而华为有什么呢？我们没有人家雄厚的基础，如果华为再没有良好的管理，

第六章
任正非造就华为人的个性

那么真正的崩溃后,将来就会一无所有,再也不能复活。

华为公司老喊狼来了,喊多了,大家有些不信了。但狼真的会来了。今年我们要广泛展开对危机的讨论,讨论华为有什么危机,你的部门有什么危机,你的科室有什么危机,你的流程的哪一点有什么危机。还能改进吗?还能提高人均效益吗?如果讨论清楚了,那我们可能就不死,就延续了我们的生命。怎样提高管理效率,我们每年都写了一些管理要点,这些要点能不能对你的工作有些改进,如果改进一点,我们就前进了。

成功的人从来都不畏惧失败,从来不盲目地为成功欢欣,他们关注的、思考的是:如果我失败了,我该如何去解决,该如何去应对,又如何从失败中迈向成功。

2015年,在达沃斯论坛上,任正非与BBC主持人进行对话。任正非就自己的创业经历、华为发展之道等问题与外国观众进行交流。当有记者和观众提问"华为与中国军队关系、是否存在窃听"等敏感问题时,任正非也给予了恰当有力的回复:"我们是中国公司,肯定拥护共产党",语气坚定、字字铿锵有力,此番演讲一出,在业界也是掀起一番波澜。

作为走出国门的中国企业、行业巨头,华为一举一动都备受关注,一言一行都代表着国家的形象。不诋毁外资企业,也不夸大中国企业,潜移默化中也在号召中国企业,做一些维护共产党的事情,这才是一个优秀中国企业家所应当具备的作用。

所以我们现在是一个中国公司,我们肯定是拥护中国共产党的,我们肯定热爱祖国的,但是我们不会去危害别的任何国家。我们所有的人,我

>> **华为精神**
通信巨头高效成长的文化密码

们在全世界都是遵从法律的,第二,我们也有道德遵从委员会,有 40 多个道德遵从委员会,民间选举的,大家的道德要遵从这些国家的规则,不能去违反这些国家的规则。

我们认为,华为现在在世界上所处的地位,不是把谁当成竞争对手和谁竞争,我们都是朋友,我刚才在咖啡厅里面还跟好多世界级顶级的,别人叫对手,我叫朋友,我们好好地握手,我们还讲了很多非常有趣的话。我们认为呢,未来是非常非常复杂的社会,我们一定要跟这些公司共同确立信息未来的思想结构是什么,理论结构是什么,系统结构是什么,我们怎么来共建,为世界提供服务,所以这一点,我们的目标是没有把任何人当成敌人。我们只是想共同来创建这个世界。

2016 年 10 月,任正非在华为深圳总部,召开了"出征·磨砺·赢未来"研发将士出征大会,会上任正非做了题为《春江水暖鸭先知,不破楼兰誓不还》的演讲,他表示,华为错过了语音时代、数据时代,再不能错过图像时代。

与以往战略不同的是,这次图像时代的战争任正非对胜利的渴望明显迫切许多。将派遣研发人员具有 15~20 年研发经验的 2000 名高级专家及高级干部去往海外,开拓和研发华为并不熟悉的云端技术和图像处理板块。此番演讲也是豪情壮志,字里行间无不透露着气势和对未来的无限渴望,极具感染力和爆发力。

今天我们的勇士又要出征了,我们已经拥有 170 个国家武装到牙齿的铁的队伍,我们的流程 IT 已经能支持到单兵作战。每年我们仍会继续投入

第六章
任正非造就华为人的个性

上百亿美元,改善产品与作战条件。我们要从使用"汉阳造"到驾驶"航母"的现代作战方式转变。我们除了在传统增量市场大量培养将军,创造成绩,多生产粮食外。在新的机会领域,我们也要努力成长。云化是我们不熟悉的领域,图像虽然我们领先,但海外除德国大规模实践的经验外,在其他国家还没有规模化的成功,还没有建立一支成熟的队伍。特别是面对大视频带来的流量洪水和更低的时延要求,我们还没能驾驭。战略预备队只能一边学、一边教、一边干,让小老师逐渐成为"大教授";让二等兵在战火中升为将军。大时代呼唤着英雄儿女,机会将降临有准备的人。大江东去浪淘沙,天翻地覆慨而慷,不能打仗的主官将会离开岗位。随时准备下台,才能不下台。

优秀的人永远不会夸赞自己优秀,正如成功的人永远不会说自己是成功的。科学的进步和时代的发展是不可预估的,无论是基于某种行业,学无止境,只有不断发现问题、解决问题,不断学习、不断创新,唯有此才会不断地进步,才会避免被时代淘汰,才会是自己乃至企业发展最根本的核心。

任正非的每一次演讲都让人受益匪浅。他知识渊博,见解独到,在他的讲话中体现为旁征博引,一针见血。每一次讲话都表现了出他的谨慎、乐观、务实、对世界清醒的认识。

如今,时代促使着更多的年轻人开始创业,在创业的过程中很多人是迷茫的,而任正非的很多管理和战略确实能够在很大程度上起到指引的作用。

人的技能、认知、思维的成熟度都可以通过后期事业的磨炼而提升,

>> **华为精神**
通信巨头高效成长的文化密码

唯独个人品格是与生俱来或者说根深蒂固的东西,很难改变。这一种品格包含坚韧的意志、团队愿意跟着他干的感召力,愿意冲锋在前、拼尽全力也要攻克困难的决心。

华为在如此高压的工作状态下,仍然有18万员工愿意拼死效劳,不仅仅是福利待遇取胜,很大一部分来源于任正非的个人魅力。他的这种感召力、号召力,他身上个那些值得学习的品质精神,不仅仅的带动着华为的成功发展,更重要的是给社会带来了正能量,中国需要这样的企业,需要这样的企业家!

致谢

在本书的写作中，我常常感到热血沸腾，任正非先生和华为的精神激励着我，让我的梦想更坚定，步伐更稳健。有机会深入研究华为，我感到非常幸运，创作这本书不仅提高了我个人的专业写作能力，更提升了我的思想格局和眼界。

首先，感谢华为，这家企业不仅是中国企业的榜样，更担当着时代的使命。在本书中，我们谈到了华为的领导者、人才、制度、组织结构、危机观、责任感，并从中挖掘了华为精神文化的诸多特质，比如狼性文化、艰苦奋斗、赛马机制、床垫文化、开放合作等。从表面看，华为似乎有太多的精神要素，但实际上在三十年的时间里，华为始终坚持着"以奋斗者为本"的精神内核。不管是"蓝血十杰""干部八条"，又或是"芭蕾脚""向李小文教授学习"，其实质都是坚持以奋斗者为本。在任何时代，奋斗都是最重要的主题，但人们却很容易忽视它，认为这是老生常谈、了无新意。华为用日复一日的行动告诉我们，坚持"以奋斗者为本"就会创造伟大。

任正非时常提到"阿甘精神"，说华为的长处就是"傻"，全体人拼命努力熬出了强大的华为。在每一次危机背后，每一次成功背后，又或者每

>> **华为精神**
　　通信巨头高效成长的文化密码

　　一次变革背后，都是奋斗者精神在支撑。如果每一个企业能够像华为一样，从不懈怠、从不自满，始终用全身力量去奋斗，相信中国将出现更多的华为。感谢华为执着地坚守着奋斗者最单纯的美好，让我们更有信心去拼搏。

　　此外，这本书让我收获了珍贵的友谊。感谢我的搭档胡溪和蒲爱洁，一起创作的日子，倍觉珍贵。特别感谢考拉看看原创部总监熊玥伽，她研究财经作品创作多年，为我们提供了许多修改意见，这对我们尤为重要。还要感谢石油工业出版社李玲等编辑老师为本书出版提供的帮助。因为我们的共同奋斗，才让这本书与读者见面。

　　期望书中的内容能够给中国企业的经营管理者带来些许启发，如果能够在企业的经营决策上起到一点作用，我们深感荣幸。在最后，感谢各位读者能够选择本书，并祝愿中国有更多优秀的企业能像华为一样做大做强，成为全球知名企业。

马力

2019年1月